about

?!

有求於人×應酬交際×演講辯論

最討人喜歡的說話方式

A Favorable Way of Speaking

俗話說：萬事開頭難。
向別人提要求，通常都很難開口。

不僅是你，對方也會感到有一定的麻煩存在。
所以，有效的語言技巧非常必要。

總之，「一把鑰匙開一把鎖」，
對待什麼樣的對手就要相應採取什麼樣的措施，
這樣才能更好的「有的放矢」，使談話溝通更順利！

社會大學：22

最討人喜歡的說話方式

編著：胡鈺森
出版者：大拓文化事業有限公司
執行編輯：廖美秀
美術編輯：林子凌

總經銷：永續圖書有限公司
劃撥帳號：18669219
地址：22103 新北市汐止區大同路三段一百九十四號九樓之一
TEL (〇二)八六四七—三六六三
FAX (〇二)八六四七—三六六〇
E-mail yungjiuh@ms45.hinet.net
網址 www.foreverbooks.com.tw

CVS代理：美璟文化有限公司
TEL (〇二)二七二三—九九六八
FAX (〇二)二七二三—九六六八

法律顧問：方圓法律事務所 涂成樞律師

出版日◇二〇一二年十一月

國家圖書館出版品預行編目資料

最討人喜歡的說話方式 / 胡鈺森編著. -- 初版.
-- 新北市 : 大拓文化, 民101.11
面 ; 公分. -- (社會大學系列 ; 22)
ISBN 978-986-6145-95-7(平裝)
1.說話藝術 2.口才
192.32　　101018308

Chapter.01

求人辦事

如何說話使求人辦事變容易

Chapter.02

酒席應酬

應酬學中的嘴上功夫

Chapter.03

探望病房

與病人說話需要掌握的方法

Chapter.04

無敵談判

用語言贏一場沒有硝煙的戰爭

Chapter.05

即席演講

演講如何做到簡潔有力

最討人喜歡的說話方式

A Favorable Way of Speaking

Chapter.01

如何說話使求人辦事變容易

求人辦事

怎樣開口提要求

俗話說：「萬事開頭難。」向別人提要求，通常都很難開口。不僅是你，對方也會感到有一定的麻煩存在。所以，良好的語言技巧非常必要。彬彬有禮的語言是最好的敲門磚，講究分寸就會讓人難以拒絕。

下面透過一些實例，一一的教你這些具體用法：

一、間接請求

透過間接的表達方式（例如，使用能願動詞、疑問句等）以商量的口氣把有關請求提出來，會顯得比較婉轉一些，也比較容易讓人接受。

例如：「你能否儘快替我把這事處理一下？」（比較：「儘快替我把這事處理一

下！」）

透過比較，我們不難看出，間接的表達方式要比直接的表達方式來得有禮貌，因而更容易得到對方的幫助或認可。

二、藉機請求

借助插入語、附加問句、程度副詞、狀語從句及有關句型等來減輕話語的壓力，避免唐突，充分維護對方的面子。例如：

「不知你可不可以把這封信帶給他？」（比較：「把這封信帶給他！」）

我們可以發現，語言中有很多緩衝詞語，只要使用得當，就會大大緩和說話的語氣。

三、激將請求

激將請求的奇特之處就在於求人者從某種意義上貶低了被求者的能力，這樣比較容易激發被求者的熱情，也給對方和自己留下充分的退路。例如：

「如果你真的怕他，我就不麻煩你去處理了。」請別人幫忙或者向別人提出建議時，如果在話語中表示人家可能不具備有相關條件或意願，就不會強人所難，自己也顯得很有分寸。

四、縮小請求

儘量把自己的要求說得很小，以便對方順利接受，滿足自己的願望和要求。例如：

「你幫我解決這件事就可以了，其餘的我自己想辦法。」我們確實經常發現，人們在提出某些請求時往往會把大事說小，這並不是變著法兒使喚人，而是適當減輕給別人帶來的心理壓力，同時也使自己便於啓齒。

五、謙恭請求

透過抬高對方、貶低自己的方法把有關請求等表達出來，顯得彬彬有禮、十分恭敬。例如：

「您老就不要推辭了，弟子們都在恭候呢！」請求別人幫助，最傳統有效的做法是儘量表示虔敬，使人家感到備受尊重，樂於從命。

六、自責請求

首先講明自己知道不該提出某個請求，然後說明爲實情所迫不得不講出來，令人感到實出無奈。例如：

「真不該在這個時候打攪您，但是實在沒有辦法，只好麻煩您一下。」求人的過程中，要知道在某些時候和場合打攪別人是不合適、不禮貌的，但有時又不得不麻煩人家，這就應該表示出你知道不妥，但想求得人家諒解，以免顯得冒失。

七、體諒請求

首先說明自己瞭解並體諒對方的心情，再把自己的要求或想法表達出來。例如：

「我知道你手頭也不寬裕，不過實在想不出辦法，只好先向你借一千塊錢。」求人的重要原則就是充分體諒別人，這不僅要在行動上表現出來，而且要在言語當中表示出來。

八、遲疑請求

首先講明自己本不情願打擾對方，然後再把有關要求等講出來，以緩和講話語氣。例如：

「這件事我實在不想多提，但因爲你一直忘了替我處理。」在提出要求時，如果在話語中表示出自己本不願意說，這樣就會顯得自己比較有涵養。

九、述因請求

在提出請求時把具體原因講出來，使對方感到很有道理，應該給予幫助。例如：

「隔行如隔山，我一點兒也不知道人家那邊的規矩。你是內行人，就麻煩你替我處理吧！」在提出請求時，如果把有關理由講清楚，就會顯得合乎情理，令人欣然接受。

透過以上九種方法，就可以確保自己提出的要求能被盡可能的滿足，當然在運用時也要隨時注意「對號入座」，看自己的要求最適合以哪種方法提出，這樣才會事半功倍。

求人必備的幾種語言技巧

在求人辦事時，你會發現，同樣的請求內容，不同的人，用不同的方法和語言表達出來，得到的結果常常是不一樣的。那麼，怎樣才能使被求者樂意答應自己的請求呢？

掌握幾種求人的語言技巧是非常有必要的。下面介紹幾種運用求人語言的具體技巧，也許有助於你的請求得到最理想的答覆。

一、以情動人

這一般用於比較大的或較為重要的事情上。把對人的請求融入動情的敘述中，或申述自己的處境，以表示求助於人是不得已之舉；或充分闡明自己所請求之事並非與被請求者無關，以使對方不忍無動於衷、袖手旁觀。

二、先「捧」後求

所謂「捧」在這裡是指對所求的人的恰到好處、實事求是的稱讚，並不包括那種漫無邊際、肉麻的吹捧。任何人都不會拒絕別人的讚美，所以求人時說點對方樂意聽的話，也不失爲一種求人的好辦法。

三、「互利」承諾

「天底下沒有白吃的午餐」，求人時也要注意互利原則。在求人時不忘表示願意給予對方某種回報，或將牢記對方所提供的好處，即使不能馬上回報對方，也一定會在對方用得著自己的時候鼎力相助。配以「互利」的承諾，讓對方覺得他的付出很值得，同時也會對求助者多一分好感。

四、尋找「過渡」

倘若向特別要好和熟悉的人求助，可以直截了當、隨便一點。但有時求助於關係一般的人、陌生人或社會地位較高的人時，則常常需要一個「導入」的過程。這個導入過程可長可短，需視情況而定。

除此之外，還要儘量防止自己的話無意間冒犯了對方。所以，在有求於人時應事先對對方有所瞭解，以避免無意間傷害了對方。

Point 03

看對方是什麼人再說話

求人辦事，求的是人，所以事先一定要瞭解對方是什麼樣的人。可以先收集資料，再因人而異，運用恰當的技巧，對症下藥。千萬不可意氣用事，一言不合，怒髮衝冠，引起被求者的反感，這絕不是解決問題的正確方法。

《三國演義》中有這樣一個例子：

「馬超率兵攻打葭萌關的時候，諸葛亮對劉備說：『只有張飛、趙雲二位將軍，方可對敵馬超。』這時，張飛聽說馬超前來攻關，主動請求出戰。

諸葛亮佯裝沒聽見，對劉備說：『馬超智勇雙全，無人可敵，除非前往荊州喚雲長來，方能對敵。』

張飛說：『軍師爲什麼如此小看我？我曾單獨對抗曹操百萬大軍，難道還怕馬超這個匹夫？』

諸葛亮說：『你在當陽拒水橋，是因為曹操不知道虛實，若知虛實，你怎能安然無事？馬超英勇無比，天下的人都知道，他渭橋六戰，把曹操殺得割鬚棄袍，差一點喪命，絕非等閒之輩，就是雲長來也未必戰勝他。』

張飛說：『我今天就去，如戰勝不了馬超，甘當軍令！』

諸葛亮眼看『激將法』起了作用，便順水推舟的說：『既然你肯立軍令狀，便可以為先鋒！』」

在《三國演義》中，諸葛亮針對張飛脾氣暴躁的性格，常常採用「激將法」來說服他。每當遇到重要戰事，先說他擔當不了此任，或說怕他貪杯酒後誤事，激他立下軍令狀，增強他的責任感和緊迫感，激發他的鬥志和勇氣，清除輕敵的思想。

求別人辦事的時候，倘若能夠瞭解對方是屬於哪種類型的人，說起話來就比較容易了。現列舉六種類型的人以供參考：

一、死板的人

這種類型的人比較木訥，就算你很客氣的和他打招呼、寒暄，他也不會作出你所預期的反應來。他通常不會注意你在說些什麼，甚至你會懷疑他是否聽見你在說話。求這種人的時候，剛開始多多少少會感覺不安，但這實在也是沒辦法的事。

舉個例子，當你遇到某先生時，直覺馬上告訴你：「這是一個死板的人。」此人體格健壯，說話帶有家鄉口音，至於他是怎樣的一個人，你卻不太清楚。除了從他的表情中可以察覺出些許緊張之外，其他的，一點也看不出來。

遇到這種情況，你就要花些工夫注意他的一舉一動，從他的言行中尋找出他所真正關心的事來。你可以較輕鬆的態度和他閒聊一些中性話題，只要能夠使他回答或產生一些反應，那麼事情也就好辦了，接下去，你要好好利用此類話題，讓他充分表達自己的意見。

每一個人都有他感興趣、關心的事，只要你稍一觸及，他就會滔滔不絕的說，此乃人之常情。

二、傲慢無禮的人

有些人自視清高、目中無人，時常表現出一副「唯我獨尊」的樣子。像這種舉止無禮、態度傲慢的人，實在讓人看了生氣，是最不受歡迎的類型。但是，當你有事需要求他幫忙的時候，你應該如何去應對呢？

某企業的一位副科長，說話雖然客氣，眼神裡卻流露出些許傲慢，並且不帶一絲笑意，這種人實在是非常不好對付的人，讓人一見到他，就感覺有一種「威脅」存在。

對付這種類型的人，說話應該簡潔有力才行，最好少和他囉唆，所謂「多說無益」正是如此。因此，你要儘量小心，以免掉進他的圈套裡。

不要認爲對方「客氣」，你也禮尚往來的待他，其實，他多半是缺乏真心誠意的。你最好在不得罪對方的情況下，言辭盡可能「簡潔有力」。

當然，每個人都有自己的立場和苦衷，這位副科長可能自覺「懷才不遇」或怨恨自己運氣不好，無法早日出頭；又由於其在社會上打拼甚久，城府頗深，所以儘管不受上司眷顧，也會在「保衛自己」的情況下，與人客氣寒暄。因此，我們只要同情他，而不必理會他的傲慢，儘量簡單扼要的說話就行了。

三、深藏不露的人

我們周圍有許多深藏不露的人，他們不肯輕易讓人瞭解其心思，或讓人知道他們在想些什麼。有時甚至說話不著邊際，一談到正題就「顧左右而言他」，自我防範心理極強。

求這樣的人幫忙更是難上加難，往往搞得人們無所適從。

當你遇到這麼一個深藏不露的人時，你只有把自己預先準備好了的資料拿給他看，讓他根據你所提供的資料作出最後決斷。

人們多半不願將自己的弱點暴露出來，即使在你要求他作出回答或進行判斷時，他也故意裝傻，或者故意言不及義的閃爍其詞，使你有一種「高深莫測」的感覺。其實這只是對方僞裝自己的手段罷了。

四、草率決斷的人

這種類型的人，乍看好像反應很快，你求他時，他甚至還沒聽明白你到底要幹什麼的時候，忽然作出決斷，給人一種「迅雷不及掩耳」的感覺。由於這種人多半是性子太急了，因此有的時候爲了表現自己的「果斷」，就會顯得隨便而草率。

倘若你遇見這種人，最好把談話分成若干段，說完一段之後，馬上徵求他的意見，沒問題了再繼續進行下去，如此才不會發生錯誤，也可避免發生因自己話題設計不周到，而引出的不必要的麻煩。

五、過分糊塗的人

這種人一開頭就沒弄懂你的意思，你就是和他長時間頻繁的接觸，結果也是枉然。

小王經常光顧一家書店，那裡的一位女店員常常在小王講明購買的書名時，還會糊裡糊塗的弄錯。像這種錯誤，一般人難免會犯一兩次，但像她那樣經常犯，也就有點不可原諒了。

因爲小王是這家書店的常客，老是遇到這種事情，心裡總感覺不太舒服。終於，有一次小王把這種情形告訴了書店經理，不多久，那個女店員就被辭退了。

經常犯錯的人不外乎兩種：一種人是自己從來不知反省；另一種人則是理解能力差，完全沒聽懂別人的談話。對於這類人，你如果實在找不到合適的人，才去求他吧！

六、行動遲緩的人

對於行動比較遲緩的人，交涉時最需要耐心。

有一位年輕而稍顯肥胖的女士，也許因爲體型的關係，她做起事來，總是比別人慢半拍，感覺上，工作效率總比別人差一點。嚴格說起來，倒不是她的辦事能力不如其他同事，只不過她做起事來太過「慢吞吞」而已。

求人時，可能也經常會碰到這種人，此時你絕對不能著急，因爲他的步調總是無法跟上你的進度，換句話說，他是很難達到你的辦事標準的。所以，你最好按捺住性子，拿出耐心，言談上永遠別流露出火大的口氣，並且盡可能配合他的情況去做。

由此可見，學會遇到什麼樣的人說什麼樣的話，對提高辦事效率大有益處。

Point 04

求別人幫忙時怎麼說

每個人都有求別人幫忙的時候，爲什麼有的人求別人辦事，對方能心甘情願的應允；但是有的人雖費盡九牛二虎之力，卻總是失望而歸。其實，關鍵在於說話的技巧和分寸，在請求別人幫助時，可從以下幾個方面入手：

一、對方的興趣入手

以對方感興趣或引以爲自豪的話題展開交談，在滿足對方心理需要的基礎上提出自己的請求。

一個小型加工廠的廠長，希望與一家大集團公司建立協作關係，遭到該公司副經理的拒絕。第二天，他又找上門，要直接面見總經理，他被告知，談話時間不得超過五分鐘。

他被引見給總經理時，發現總經理正在小心翼翼的撣去一幅書法立軸上的灰塵。他仔細一看，是篆書，便說：「總經理，看來您對書法一定很有研究。唔，這幅篆書寫得多好，看這裡懸針垂露之法的用筆，就具有一種多樣的變化美……」「總經理一聽，啊，此人談吐不凡，一定是書法同行，於是說：「請坐，請坐下細談。」他們從書法談到經歷，總經理還講述了自己的奮鬥史，廠長很懂得說話的藝術，談話時適時提問，使總經理得以盡情的展開敘述。最後，總經理也就很痛快的和那家小型加工廠合作了。

這位廠長以敏銳的觀察力，發現了可以激發那位總經理談話興趣的話題，打破了尷尬的局面，使對話朝著有利於自己的方向發展。

二、先達共識，再提請求

強調某一問題的重要性和迫切性，與對方達成共識，然後順勢就解決此問題提出請求，使對方不好推卻。

有一次，某小學針對學生流失嚴重的現象，計畫召開家長大會。會議主持者想請縣議員出面壯壯場面。校長找到了議員，說：「×議員，我現將學校工作向您彙報一下……其中是我校內一個最嚴重的問題，就是學生大量流失，這對完成十二年制義務教育勢必帶來不良影響。」

議員接著說：「是啊，這個問題不容忽視，應該要好好的研究一下。」

校長趁勢說：「所以，我們學校打算馬上召開家長會，想請您在會議上做個指導。」

議員考慮片刻，便答應了。後來據他透露，他早已有約在先，只是這事不好推卻，只得捨彼求此了。

這裡，小學校長成功的使用了「先達共識，再提請求」的求助技巧，很輕易的讓議員出席了家長會。

三、爭取獲得理解

當我們向別人求助遭到拒絕時，往往會發現對方其實並沒有經過深思熟慮，只是因爲意氣用事或其他一些細小的原因而作出了拒絕的決定，這時候，我們就應當站在第三者的立場上，幫助對方分析其決定，然後再促使其答應我方的請求。

例如，二十世紀八〇年代初，引灤入津工程時，擔負隧洞施工任務的部隊因炸藥供應不上，面臨停工和延誤工期。部隊領導心急如焚，派李連長帶車到東北某化工廠求援。

李連長晝夜兼程，趕到該廠供銷科，可是得到的答覆只有一句話：「眼下沒貨！」他找廠長，廠長推說自己很忙，沒時間聽他解釋陳述，他就跟進跟出，有機會就講幾句，但廠長不爲所動，冷冷的說：「眼下沒貨，我也無能爲力。」廠長給他倒了杯茶水勸他另想辦法。

李連長並不死心，他喝了口茶，說：「這水真甜啊！天津人可真是苦悶，喝的是從海河槽裡、各窪澱中集的苦水，不用放茶就是黃的。」他曾見廠長戴的是天津產製造的手錶，就接著說：「您戴的也是天津錶？聽說現在全國每十塊錶中就有一塊是天津製造的，每十台拖拉機就有一台是天津生產的，每四個人裡就有一個人用的是天津的城。您是辦工業的行家，最懂得水與工業的關係。造一輛自行車要用一噸水，造一噸城要一百六十噸水，造一噸紙要二百噸水……引灤入津，解燃眉之急啊！沒有炸藥，工程就得延期……」

廠長一聽，心中受到觸動，就問：「你是天津人？」

「不，我是河南人，也許通水時，我也喝不上那灤河水！」

廠長徹底折服了。他抓起電話下達命令：「全廠加班三天！」三天後，李連長帶著一卡車炸藥返程了。

生活對我們說「你必須求人」。「求人」不是喪失原則，卑躬屈膝，而是人與人互相幫助的一種過程。所以求別人幫忙，一定要掌握好求別人幫助時的分寸，以求達到最好的求人效果。

要注意的是，求人幫忙，一定要將自己放到合適的位置，而不是卑下的位置，如果這樣的話，就失去了運用語言的基礎。千萬不可虛張聲勢、空話連篇。也不必裝的神情沮喪的、忍受著任人奚落。要抱著一個平常心、本著有曲有直的原則去看待。

軟磨硬泡，友好的賴著

在求別人辦事時，有時候對方雖然能辦，但是他卻找各種各樣的理由搪塞，弄得你無可奈何。這種情況下，有些性格頑強的人，他們會軟磨硬泡、友好的賴著對方，一副不達目的絕不甘休的樣子。到最後，對方不得不答應他的請求。

宋朝的趙普曾做過太祖、太宗兩朝皇帝的宰相，他是個性格堅韌的人。

在輔佐朝政時自己認定的事情，就是與皇帝意見相悖，也敢於一再的堅持。

有一次趙普向太祖推薦一位官吏，太祖沒有允諾。趙普沒有灰心，第二天臨朝又向太祖提出這項人事任命請太祖裁定，太祖還是沒有答應。

趙普仍不死心，第三天又提出來。

連續三天接連三次一再的提，同僚也都吃驚，趙普何以臉皮這樣厚。太祖這次動了氣，將奏摺當場撕碎扔在了地上。

但趙普自有他的做法，他默默無言的將那些撕碎的紙片一一拾起，回家後再仔細粘好。第四天上朝，話也不說，將粘好的奏摺舉過頭頂立在太祖面前不動。太祖爲其所感動，長歎一聲，只好准奏。

同樣的內容，兩次、三次不斷的一再向對方說明，從而達到求人的效果。運用這種求人法，須有堅韌的性格才行，內堅外韌，對一度的失敗，絕不灰心，找機會反覆的盯上門去。

有些人臉皮太薄，自尊心太強，經不住人家首次拒絕的打擊。只要略一受阻，他們就臉紅，感到羞辱、氣惱，不是與人爭吵鬧僵，就是拂袖而去，再也不回頭。看起來這種人很有幾分「你不幫忙就拉倒」的「骨氣」，其實這是過分脆弱的表現，導致他們只顧面子而不去想盡辦法達到目的，於事業無益。

因此，我們在找人辦事時，既要有自尊，但又不要抱著自尊不放，爲了達到交際目的，有必要增強耐挫的能力，碰個釘子臉不紅心不跳，不氣不惱，照樣微笑與人周旋，只要還有一絲希望就要全力爭取，不達目的絕不甘休。有這樣頑強的意志就能把事情辦成。

在運用此法時，應注意不要超過限度，否則傷害了對方的感情，反而會得到相反的效果。

「心理共鳴」求人法

人與人之間，本來就有許多地方是相同的，但是要使彼此真正共鳴起來，得有相當的說話技巧。

在你對另一個人有所求的時候，這樣的論點也同樣適用。最好先避開對方的忌諱，從對方感興趣的話題談起，不要太早暴露自己的意圖，讓對方一步步的贊同你的想法，當對方跟著你走完一段路程時，便會不自覺的認同你的觀點。

伽利略年輕時就立下雄心壯志，要在科學研究方面有所成就，他希望得到父親的支持和幫助。

一天，他對父親說：「父親，我想問您一件事，是什麼促成了您與母親的婚事？」

「我喜歡上她了。」父親答道。

伽利略又問：「那您有沒有娶過別的女人？」

「沒有，孩子。家裡的人要我娶一位富有的女士，但我只鍾情於你的母親，她從前可是一位風姿綽約的姑娘。」

伽利略說：「您說得一點也沒錯，她現在依然風韻猶存。您不曾娶過別的女人，因爲您愛的是她。您知道，我現在也面臨著同樣的處境，除了科學以外，我不可能選擇別的職業，因爲我喜愛的正是科學。別的對我而言毫無用途，也毫無吸引力！難道要我去追求財富、追求榮譽？科學是我唯一的需要，我對它的愛有如對一位美貌女子的傾慕。」

父親說：「像傾慕女子那樣？你怎麼會這樣說呢？」

伽利略說：「一點也沒錯，親愛的父親，我已經十八歲了。別的學生，哪怕是最窮的學生，都已想到自己的婚事，可是我從沒想過那方面的事。我不曾與人相愛，我想今後也不會。別的人都想尋求一位貌美如花的姑娘作爲終身伴侶，而我只願與科學爲伴。」

父親似乎有所感悟，但始終沒有說話，仔細的聽著。

伽利略繼續說：「親愛的父親，您有才幹，但沒有力量，而我卻能兼而有之。爲什麼您不能幫助我實現自己的願望呢？我一定會成爲一位傑出的學者，獲得教授身份。我能夠以此爲生，而且比別人生活得更好。」

說到這，父親爲難的說：「但我沒有錢供你上學。」

「父親，您聽我說，很多窮學生都可以領取獎學金，這錢是公爵宮廷給的。我爲什麼不能去領一份獎學金呢？您在佛羅倫斯有那麼多朋友，您和他們的交情都不錯，他們一定會盡力幫忙的。他們只需去問一問公爵的老師奧斯蒂羅・利希就行了，他瞭解我，知道我的能力……」

父親被說動了：「嗯，你說的有理，這是個好主意。」

伽利略抓住父親的手，激動的說：「我求求您，父親，求您想個法子，盡力而爲。我向您表示感激之情的唯一方式，就是……就是保證成爲一個偉大的科學家……」

伽利略最終說動了父親，他實現了自己的理想，成爲了一位聞名遐邇的科學家。

這裡，伽利略採用的是「心理共鳴」的說服方法。這種說服法一般可分爲以下四個階段：

一、導入階段

先顧左右而言他，以對方當時的心情來體會現在的心情。伽利略先請父親回憶和母親戀愛時的情形，引起了父親的興趣。

二、轉接階段

逐漸轉移話題，引入正題。伽利略巧妙的透過這句話把話題轉到自己身上：「我現在也面臨著同樣的處境。」

三、正題階段

提出自己的建議和想法。伽利略提出「我只願與科學爲伴」，這正是他要說服父親的主題。

四、結束階段

明確提出要求。爲了使對方容易接受，還可以指出對方這樣做的好處。伽利略正是這樣做的。他說：「爲什麼您不能幫助我實現自己的願望呢？我一定會成爲一位傑出的學者，獲得教授身份。我能夠以此爲生，而且比別人生活得更好。」

就這樣，伽利略終於達到了自己的目的，爲最終實現自己的理想奠定了基礎。

Point 07

找好藉口把禮送出去

送禮可以說是求人辦事中一種高超的手段。巧妙掌握送禮的技巧，才能在整個送禮過程中畫上一個漂亮的句號。

最讓送禮者頭疼的，莫過於對方不願接受。或嚴詞拒絕，或婉言推卻，或事後送回，都令送禮者十分尷尬，弄得錢已花，情未結，賠了夫人又折兵，真夠慘兮兮的。那麼，怎樣才能防患於未然，送禮送到對方的心裡呢？關鍵便是藉口找的好不好，送禮的說得圓不圓，你的聰明才智應該多用在這個方面。有以下辦法：

一、借花獻佛

如果你送上特產，你可說是老家來人捎來的，分一些給對方嘗嘗鮮，東西不多，又沒花錢，不是特地買的，請他收下，一般來說，受禮者那種因盛情無法回報的拒禮心態可望緩和，會收下你的禮物。

二、暗度陳倉

如果你送的是酒一類的東西，不妨假借說是別人送你兩瓶酒，來和對方對飲共酌，請他準備點菜。這樣喝一瓶送一瓶，禮送了，關係也近了，還不露痕跡，豈不妙哉。

三、借馬引路

有時你想送禮給人，而對方卻又與你八竿子拉不上關係，你不妨選受禮者的生誕婚日，邀上幾位熟人一同去送禮祝賀，那樣一般受禮者便不好拒絕了，當事後知道這個主意是你出的時，必然改變對你的看法。借助大家的力量達到送禮聯誼的目的，實爲上策。

四、移花接木

老張有事要托小劉去辦，想送點禮物疏通一下，又怕小劉拒絕駁了自己的面子。老張的女朋友與小劉的太太很熟，老張便用起了夫人外交，讓女朋友帶著禮物去拜訪，一舉成功，禮也收了，事也辦了，兩全其美。

看來，有時直接出擊不如使用迂回戰術更能收到奇效。

五、先說是借

假如你是給家庭困難者送些錢或物品，有時，他們因自尊心比較強，不肯輕易接受幫助。你若送的是物品，不妨說，這東西在我家也是閑著用不著，你們先拿去用，日後買了再還；如果送的是錢，可以說暫時先應急，以後有了再還。受禮者會覺得你不是在施捨，日後要還，會樂於接受的。這樣你送禮的目的就達到了。

六、借雞生蛋

一位學生受老師恩惠頗多，一直想回報但苦無機會。一天，他偶然發現老師紅木鏡框中鑲著的字畫竟是一幅拓片，跟屋裡雅緻的陳設不太協調。正好，他的叔叔是國內小有名氣的書法家，手頭正有他贈的字畫。他馬上把字畫拿來，主動放到鏡框裡。老師不但沒反對，而且非常喜愛。學生送禮回報的目的終於達到了。

七、借路搭橋

有時送禮不一定是自己掏錢去買，然後大包小包的送去，在某種情況下人情也是一種禮物。比如，你能透過一些關係買到出廠價、批發價、優惠價的東西，當你為朋友同事買了這些東西後，他們在拿到東西的同時，已將你的那份「人情」當做禮物收下了。受禮者因交了錢，收東西時心安理得，毫無顧慮；送禮者無本萬利，自得其樂。

Point 08

談話中避開自己

求人辦事時，只有讓對方感到高興才能讓其爽快答應，把事情辦成。那麼，讓其高興的方法之一就是多談論他，而少談論自己。

人們最感興趣的就是談論自己的事情，對於那些與自己毫無相關的事情，大多數人都會覺得索然無味。有時候對你來說是最有趣的事情，卻常常不僅很難引起別人的共鳴，甚至還會讓人覺得可笑。

年輕的母親會熱情的對人說：「我的寶寶會叫『媽媽』了！」她這時的心情是很激動的，可是，旁人聽了會和她一樣的高興嗎？誰家的孩子不會叫媽媽呢？你可不要爲此而大驚小怪，這是很正常的事情，如果孩子不會叫媽媽才是怪事呢！所以，在你看來是充滿了喜悅的事，別人不一定會有同感。

竭力忘記你自己，不要老是談你個人的事情，你的孩子，你的生活，以及你的其他的事情。

人們最喜歡談論的都是自己最熟知的事情，那麼，在交際上你就可以明白別人的弱點，而儘量去引導別人說他自己的事情，這是使對方高興的最好方法。你以充滿了同情和熱誠的心去聽他敘述，你一定會給對方留下最佳的印象，並且他會熱情的歡迎你和接待你。

在談論自己的事情時，和人較真或爭辯等，都是不明智的表現，不利於達到求人辦事的目的。但還有一樣最不好的，就是在別人面前張揚自己，在一切不利於自己的行爲中，再也沒有比張揚自己更愚笨的事了。

例如，你對別人說「那一次他們的糾紛，如果不是我替他們解決了，不知要弄到怎樣，你們要知道，他們對任何人都不放在眼裡的，不過當著我的面前，就不敢妄動了。」即使這次的糾紛，的確因爲你的排解而得到解決，可是如果你只說一句，「當時我恰巧在場，就替他們排解了」的話，不是更使人敬佩？這一件值得稱讚的事情被人發覺之後，人們自然會崇敬你，但如果你自己誇張的敘述出來，所得到的效果恰恰相反，人們會認爲你在自吹自擂，大家聽了你的自我炫耀，反而會輕視你。

一句自我炫耀的話，是一粒黴臭的種子，它是由你的口裡播種在別人的心裡，從而滋長出憎惡的芽。

喜歡自我誇大的人，是找不到好朋友的，因爲他自視甚高，鄙視一切，不大理會別人的意見，只會自己吹牛。他一心只想找那些奉承和聽從他的朋友。他常自以爲是最有本領的人，如果他做生意，他覺得沒有人比得上他；如果他是藝術家，他就覺得自己是一代大師；要是他在政治舞臺上活動，他會覺得只有他自己是救世主。面子是別人給的，臉是自己丟的。你自己若是具有真實的本領，那些讚美的話應該出自別人的口，而自吹自擂，其結果是讓自己丟顏面。

凡是有修養的人，必定不會隨便說及自己，更不會誇張自己，他自己很明白，個人的事業行爲在旁人看來是清清楚楚的，沒必要自己去說，人們自會清楚。

請你不必自吹自擂，與其自己誇張，不如表示謙遜，也許你以爲自己偉大，但別人不一定會同意你的看法。好誇大自己事業的重要性，間接爲自己吹擂，縱使你平日備受崇敬，聽了這些話別人也會覺得不高興。世間沒有一件足以向人誇耀的事情，自己不吹擂時，別人還會來稱頌，自己說了，人家反而瞧不起了。

千萬不要故意的與人作對，有的人專門喜歡表示自己與別人意見不同。如果你說這是黑的，他就硬說這是白的，如果下一次你說這是白的，他就反過來說這是黑的。這種處處故意表示自己與別人看法不同的人，和處處隨聲附和的人，一樣都是不老實的，會被人看不起，甚至被人們所憎惡，是不忠實的朋友，試想一下，誰會爲這樣的人辦事呢？

口才是幫助你待人處世的一種方法，口才本身並不是我們的目的，沒有人願意做一個口才很好，而到處不受歡迎的人。不要爲了表現你的口才，而到處逞能，惹人憎恨；口才一定要正確靈活的表現，而不是爲了自吹自擂張揚自己。

不要抹殺人家的一切意見，在生活中也要這樣做，如果抹殺了別人的一切，對其好處一點也不承認，這樣，談論就不會愉快，求人辦事的目的也就不會成成，無論你的意見和對方的意見距離有多遠，衝突得多麼厲害，我們也要表現出一種可以商量的胸懷，並且相信，無論怎樣艱難，大家都可以得到比較接近的看法，使雙方不致造成僵局。

儘管什麼都可以談，但是，在到處都可以航行的談話題材的海洋裡面，也有一些小小的礁石，要留心的避開它。

對於你所不知道的事情，不要冒充內行。你知道多少，就說多少，沒有人要求你成爲一個百科全書式的專家。即使是一個最有學問的人，也不可能無所不知。所以，坦白承認你對於某些事情的無知，絕不是一種恥辱，相反的，這會使別人對你說的話，認爲有值得參考的價值，沒有吹牛，沒有浮誇，沒有虛僞。

不要向所求之人誇耀自己的私生活，例如你個人的成就，你的財富，或是老向別人說自己的孩子怎麼了不起。不要在一般的公共場合把朋友的缺點和失敗當做談話的題材，不要老是重複同樣的話題，不要到處訴苦和發牢騷，因爲訴苦和發牢騷並不是一種良好的爭取同情的方式。

做人的基本態度，應該是這樣：有著寬容豁達的胸懷，並且願意使大家相處融洽，儘量不出現僵局。

要學會套關係

託人辦事之前首先要透過語言拉近和對方的距離。俗稱「套關係」，也叫「名片效應」、「認同術」。套關係是交際中與陌生人、尊長、上司等溝通情感的有效方式。

外交史上有一則軼事：

一位日本議員去見埃及總統納賽爾，由於兩人的性格、經歷、生活習慣、政治抱負相距甚遠，總統對這位日本議員不大感興趣。日本議員爲了不辱使命，拉近與埃及當局的關係，會見前進行了多方面的分析，最後決定以套關係的方式打動納賽爾，達到會談的目的，以下是雙方的談話：

議員：「閣下，尼羅河與納賽爾，在我們日本是婦孺皆知的。我與其稱閣下爲總統，不如稱您爲上校吧！因爲我也曾是軍人，也和您一樣，跟英國人打過仗。」

納賽爾：「唔……」

議員：「英國人罵您是「尼羅河的希特勒」，他們也罵我是「馬來西亞之虎」，我讀過閣下的《革命哲學》，曾把它與希特勒《我的奮鬥》作比較，發現希特勒是實力至上的，而閣下則充滿幽默感。」

納賽爾：「（十分興奮）呵，我所寫的那本書，是革命之後，三個月匆匆寫成的。你說得對，我除了實力之外，還注重人情味。」

議員：「對呀！我們軍人也需要人情。我在馬來西亞作戰時，一把短刀從不離身，目的不在殺人，而是保衛自己。阿拉伯人現在爲獨立而戰，也正是爲了防衛，如同我那時的短刀一樣。」

納賽爾：「（大喜）閣下說得真好，以後歡迎你每年來一次。」

此時，日本議員順勢轉入正題，開始談兩國的關係與貿易，並愉快的合影留念。日本人的套關係策略產生了奇效。

在這段會談一開始，日本人就把總統稱作上校，降了對方不少級別；挨過英國人的罵，按道理說也不是什麼光彩的事，但對於軍人出身，崇尚武力，並獲得獨立戰爭勝利的納賽爾聽來，卻頗有榮耀感；沒有幽默感與人情味，自己又何以能從上校到總統呢？接下來，日本人又以讀過他的《革命哲學》，稱讚他的實力與人情味，並進一步稱讚了阿拉伯戰爭的正義性。這不但準確的刺激了納賽爾的「興奮點」，而且百分之百的迎合了他的口味，使日本人的話收到了預想的奇效。日本議員先運用尋找共同點的辦法使納賽爾從「不感興趣」到「十分興奮」而至「大喜」，可見日本人套關係的功夫不淺。

這位日本議員的成功，給了我們一個重要的啓示，那就是不能打無準備之仗，有備而來，才能套關係，並且套得扎實，套得牢靠。

最討人喜歡的說話方式

A Favorable Way of Speaking

Chapter.02

應酬學中的嘴上功夫

酒席應酬

怎麼說才能烘托聚會氣氛

無論是在飯店裡還是在家裡，聚會時總需要一個發起人，這就是我們所說的「主人」。毫無疑問，爲了使聚會順利、熱烈的進行下去，真正達到增進關係、交流感情的目的，聚會的主人負有最大的責任。要想在聚會上營造活躍、熱烈的氣氛，主人一方面必須找到合適的話題，使大家在杯盞之餘能夠興致盎然的暢談起來，另一方面也必須要恰當的應付好兩種人：一種是過分滔滔不絕的人，另一種是沉默或木訥的人。如果主人能在這兩個方面下足工夫，那麼聚會的氣氛就很容易調動起來了。

一、找尋大家熟知的話題

主人要想調動聚會的氣氛，防止出現冷場的尷尬局面，尋找到合適的話題是最重要的。所謂合適的話題，也就是能夠促使聚會者津津樂道、相談甚歡的話題，歸納起來不外有兩種：一種是大家熟知的話題，一種是大家關心的話題。顯而易見，在聚會中找尋大家熟知的話題有兩大好處，首先是熟知的話題對每一個人來說都不陌生，每一個人都能夠發表幾句自己的看法，並且正因爲熟悉，所以能夠談得深，談得透，談得妙趣橫生，就比較容易把每一個人的興致都調動起來；其次，大家熟知的話題往往牽涉到一些共同的體驗和經歷，因而在談論過程中也較容易激發共鳴，拉近彼此的心理距離。

找尋大家熟知的話題其實並不難，關鍵是要抓住聚會群體的基本特徵。例如同學聚會，大家所熟知的話題自然是昔日學生時代的學校、老師、種種趣事等，只要有人提到了往昔的那些人事，那麼很快就會激發大家連綿不斷的回憶與聯想，大家的談興自然就濃起來。再如家庭聚會，大家所熟知的話題無非就是家庭內部最近發生的一些瑣事，要不就是關於往事的一些回憶，這至少會勾起第一代、第二代家庭成員的興趣。又如單位同事聚會，不妨引導大家談一談單位的業務問題，讓大家暢所欲言，或者是在單位主管不在的情況下，引導大家評論評論主管的優缺點，只要不涉及人身攻擊，權當談話題材也無所謂。當然，以上是指聚會的成員比較熟悉的情況，如果參加聚會的人尚不十分熟悉甚至初次相見，那麼主人就必須根據大家的性別、年齡、職業、家庭背景等來揣摩大家較爲熟知的應是些什麼樣的話題。

二、找尋大家關心的話題

除了大家熟知的話題之外，大家關心的話題也能夠迅速帶動聚會的氣氛。對這類話題大家可能不十分熟悉，但出於關心還是忍不住說一說，問一問，一個人可能並講不出個所以然來，但大家七嘴八舌就馬上熱鬧起來了，聚會的氣氛也隨之活躍起來。

那麼，什麼樣的話題才是大家所關心的呢？粗略歸納，不外乎有兩種：「一種是牽涉到大家個人利益的問題，例如對在同一單位的同事來說，薪資的多寡、主管的更換、本月是不是要多加班、國慶日是否參與公費旅遊等等，這些都牽涉到每個人的切身利益，因而大家都很樂意發表一番自己的見解。另外一種易爲大家所關心的話題是那些能夠讓大家感興趣的話題，這主要和聚會者的職業、個人愛好有關。」

例如：

幾位同事去餐館聚會，感到沒什麼可聊的，聚會發起者小王無計可施之際，忽然想起幾個同事中有三位是釣魚迷，於是就趕快轉到有關釣魚的話題上，說：「我前兩天買了一杆海竿，剛用了一次就出了問題，正好向你們幾位請教一下。」這一說幾位釣魚迷就來了興致，先幫助小王解決釣竿的問題，進而又暢談到了釣魚的各個方面，最後竟聊起了誰的妻子最會燒魚。聊到這裡，那幾個不太喜歡釣魚的同事也興致勃勃的加入話題行列，聚會的氣氛變得十分熱烈。

可見，尋找大家關心的話題對於調動聚會氣氛確實是非常有效的。

三、如何對付滔滔不絕的人

在他尚未打開話匣子之前一定要找對話題，以便大家都能參與討論，而不致讓他一個人口若懸河的談論大家都不感興趣的話題。

適當插話或提問，把對方的話題朝大家所希望的地方引導。

幾位同事聚會，其中一人上了飯桌就大談足球，而偏偏其他幾人都對此不感興趣。聚會的發起者張濤看到了這種情況，就問這位滔滔不絕的同事：「你知道嗎？咱們單位鄭主任年輕的時候是市足球隊的隊長呢，後來檢查出來患有先天性心臟病，只好退出了球隊。提起鄭主任的年輕時代，那可真是頗有傳奇色彩，其間還有一段驚心動魄的戀情呢，不知你們想不想聽？」這樣，有關足球的話題就被岔開了，大家又都來了興致。

另起爐灶，孤立對方。在對方滔滔不絕時，你也沒有必要非要驚擾，不妨先就大家感興趣的話題跟身邊的一兩個人談起來，然後慢慢擴大範圍，直到多數人都開始津津樂道於此話題爲止。滔滔不絕者再善談，沒有聽眾也就沒了意思，自然就安靜了。

委婉善意的提醒對方。例如，正當對方滔滔不絕之時，你可以端起一杯茶水敬過去，說：「講了這麼久，一定口乾舌燥了吧！先喝口茶潤潤喉嚨。」在座者忍耐了好久，此時一定免不了開懷大笑，對方也就不得不在窘迫中有所收斂了。

四、如何對付沉默寡言的人

要讓沉默寡方的人開口說話，就要注意以下幾點：

1.探明其興趣所在，然後將其感興趣的話題作爲大家談論的話題。這就需要主人耐心的與沉默寡言者進行交流，瞭解其興趣所在。

一般來說，對方再不善於言談，遇到自己感興趣的話題也會說上幾句的，特別是當他對某一問題的看法埋藏很深而終於得以發表出來時，他會獲得很大的滿足感，而這種滿足感會促使他繼續說下去。

2.刺激刺激他，然後熱忱讚美。例如在大家談論某一問題時，你可以突然向一言不發的他發問：「這位先生，能請教一下您的高見嗎？」對方肯定會很尷尬，但是礙於面子，他不能不說幾句。

此時你再抓住「幾句」中的重點之處大加讚賞：「您半天不說話，原來肚子裡藏著這麼精闢的見解。您能再詳細講一講嗎？」這樣一來，對方的信心受到了鼓舞，也許就會因此而打開話匣子。

3.給對方找一個「同道中人」。這是針對那些因教育程度、文化背景迥異而不想發言的人來說的。這些人不一定不健談，關鍵是他感到自己無法與身邊的人交流，有一種「道不同，不相爲謀」的感覺。

例如一位農民坐在一群知識份子中間，他就會感覺彼此隔閡太大，甚至還有些自卑，因此他就不想發言。遇到這種情況，最好從在座者中介紹一位與他在某些方面有相似性的人，讓他們從共同熟知或關心的話題出發聊起來。

知識份子似乎與農民沒什麼相似的地方，但說不定有哪一位與該農民是同鄉，你給兩人介紹一下，也許他們談談家鄉舊事或家鄉新貌之類就相談甚歡了。這樣，雖然並不是所有人都找到了共同語言，但至少每個人都有話題可聊，聚會也就不至於冷場。

五、如何對付言談木訥的人

首先要有耐心和尊重的態度。千萬不要顯出急躁、不耐煩的情緒或對人家不屑一顧的表情，你越是這樣對方就越著急，越著急他就越說不出話來。無論對方說得如何結結巴巴，你都要目視人家的眼，耐心、恭敬的聽人家說完。隨時準備把話送到對方的嘴邊。言談木訥的人不知是反應太慢還是詞彙量太少，總之其特別突出的一個表現就是總是找不到合適的用詞，因而常常一句話停在半路，再也說不下去。這個時候，你最好主動及時的把人家需要的那個詞送到他的嘴邊，同時做出很受啓發的樣子。

例如，一位言談木訥者在談論「角球」問題時卡住了：「這是、這是……」此時如果你明白他要表達的意思，最好幫他一把。這樣，彼此間的交談也就得以繼續下去了。最好選擇一些對方熟悉且表達難度不算高的話題與之交談，緩和他的心理壓力。例如對方是位漁業養殖的農民，你最好多問問他所養殖的那些海產的情況，別問他一些你認爲有趣但卻令他很難回答的問題，這樣你們之間的談話就順暢多了。

Point 02

宴會致辭貴在巧妙

在歡度佳節、迎送賓客、吉慶喜事等活動的酒席上，人們常要舉杯祝酒，說一些美好的話語，互相表達祝賀和希望。對於一個領導者來說，酒宴致詞更是家常便飯，這是由於領導者是酒宴的貴賓，是酒宴的焦點。一席好的祝酒詞，能使酒宴的氣氛更爲歡快輕鬆，使入席者的感情更爲融洽密切。但有時發表祝酒詞的人才思不夠敏捷，甚至端著酒結結巴巴說不下去。大家手裡舉著酒，又不能放下來，又不好喝下去，這才叫尷尬！

祝酒詞一般是在飲第一杯酒以前說的，因此，祝酒詞必須精簡扼要，千萬不能太長太囉唆。因爲大家舉杯，情緒高昂，要是囉唆半天，熱乎勁兒就冷了。

一、圍繞一個主題

你一旦開始祝酒，就不要離題，要沿著一個主題，保持一個完整的結構，逐步趨向一個明快、自信的邀請，讓每個人都舉起酒杯，還要把你所祝願的那個人（或那些人）的名字準確無誤的牢牢記在腦子裡。你的主題可以著眼於被祝願的人的成就或品質，一件事情的重要意義，夥伴們的樂事，個人的成長或團體工作的益處，等等。無論說什麼都要和那個場合相適應。例如老友聚會，就可以這麼說：「此時此刻，我從心裡感謝諸位光臨，我極爲留戀過去的時光，因爲它有著令我心醉的友情，但願今後的歲月也一如既往，來吧，讓我們舉杯，彼此贈送一個美好的祝願。」

二、盡可能的表現出文采

適當的引用詩詞、典故、幽默，能使講話更有感染力。

一九八四年，緬甸總統吳山友訪問上海，市長在祝酒詞中引用了陳毅元帥《致緬甸友人》的詩句：「我住江之頭，君住江之尾，彼此情無限，共飲一江水。」大家都知道中緬交界只有一江之隔，兩岸人民共飲一江水。話語親切，表達了中緬兩國人民之間的情誼，外賓十分高興。

比喻可以使祝酒詞生動具體。例如，兩校建立校際關係，其中一方致辭說：「過去，我們的交往只是一條小路；現在，卻是一條寬敞的大道。我相信，我們的友誼和交往一定會成爲一條高速公路。」這一連串的比喻，言辭貼切，恰到好處的說出了他內心的祝願，贏得了大家一致的掌聲。

三、適時進行聯想

在祝酒時如能就地取材進行聯想，就可以產生出乎意料的好效果，使人生發出許多美好的想像，從而達到使人愉悅、使人振奮的目的。例如你端起席間一杯礦泉水，在不同的情況下可以引起不同的聯想，運用不同的語詞。

在朋友的聚會上你可以說：「俗話說，如魚得水，看見這杯礦泉水使我想起我們的友誼。魚兒離不開水啊，正因爲有了深厚的友誼，才使我們順利的在艱苦的生活中成長起來。現在我們又一起回到了家鄉，更是如魚得水。相信今後我們的友誼將會與日俱增。我建議爲友誼乾杯！」

在爲老師祝賀生日的聚會上可以說：「同學們，這是一杯水。看見這杯水我想起了『飲水思源』這句老話。我們之所以有今天的成功，完全是老師辛勤培養的成果啊！師恩難忘。這水又使我想起了另一句話：滴水之恩，湧泉相報！我們一定要努力再努力以報答老師的教誨！同學們，讓我們以水代酒，祝老師永保青春！」

Point 03

勸酒辭令，如何表達

勸酒對於營造氛圍具有重要作用。同時，勸酒也是一門藝術。我們常能在酒宴上發現這樣的勸酒高手，幾句「花言巧語」就搞得你明明酒量有限，卻還是喝了個酩酊大醉。

應該說，既要讓對方盡其所能的喝酒，又要活躍氣氛，此外還要不傷和氣、不損面子，這是一位勸酒者的基本「責任」。所以，在勸酒時一定要把握好分寸，使勸酒恰到好處。

一、真誠的讚美對方

人對於讚美的抵抗力往往是微弱的，特別是在酒桌上，熱鬧的氣氛使得人的虛榮心很容易膨脹起來，而虛榮心一膨脹，人就免不了要做出一些超出常規的「豪壯之舉」。另外，在酒桌上讚美對方的酒量或學習成績、工作成就，如果對方仍堅持不喝，就會牽涉一個面子的問題，酒桌上眾人的眼光會給他造成一種無形的壓力：既然你能喝，既然事業這麼得意，連杯酒都不願意喝，是瞧不起我們嗎？這種壓力是對方很容易感覺到的，因而他即使是迫於壓力也得拿起酒杯。

單位裡的張鵬考上了研究所，在單位為他舉行的歡送會上，你作為單位的領導者，可以這樣勸酒：「皇天不負有心人，汗水澆灌出了豐碩的成果。我們在此祝賀你，這杯酒你得喝完。」在這種情況下，張鵬不得不喝下你的勸酒。

二、強調場合的特殊意義

人逢喜事精神爽。有些人從不喝酒或從不喝得太多，但在一些特殊的喜慶場合就願意多喝兩口或多喝幾杯，一方面是心裡高興，一方面也是場合的特殊性使然。那麼，勸酒者在勸酒時不妨就多強調一下此場合的重要性、特殊性，指出它對於對方的價值與意義，這樣既能激發對方的喜悅感、幸福感、榮譽感，又能使他礙於特定的場合而不得不愉快的再飲一杯。

在一次老同學聚會上，一位久未謀面的老同學不肯喝酒，你勸酒時可以這樣說：「好，這杯酒我也不勸你了，你願意喝就喝，不願意喝就別喝。反正今天是我們大學畢業後的第一次大聚會，下次再聚真不知到什麼時候了。我知道你酒量不行，這杯酒你要是覺得不該喝，大夥兒也都同意，那我也就一句話都不說了……」話說到這時，那位老同學一般也不會再推辭了。

這種強調場合的特殊意義的勸酒方法一般是都能見效的，因為沒有誰願意在這種場合給大家留下不注重場合的壞印象。

三、強調酒宴對自己的意義

酒宴是聯絡和增進感情的重要場所，透過向同級、上級與下級敬酒、勸酒，能夠促進雙方的情感交流，使彼此的關係更密切、更穩固。

一般來說，如果勸酒本身真的能夠達到這個目的的話，對方是不會輕易拒絕的。針對這種心理，領導者在勸酒時可以充滿感情的強調一下自己與對方的特殊關係，使勸酒變為兩人之間獨特的情感交流方式。

如果是在十分莊重的交際宴請中，勸酒辭就要講求文采和風格。且看某市市長出訪德國瑪律巴赫市，在歡慶兩市成為友好城市的晚宴上的一段致辭。

「讓我端起金色的葡萄酒，在詩人席勒的故鄉，用他著名的《歡樂頌》裡的一段話，為我們已經簽訂的盟約乾杯！鞏固這個神聖的團體，憑著這金色美酒起誓：對於盟約要矢志不移，憑星空的審判起誓。」

這段勸酒辭風格獨特。它突出該市是席勒的故鄉這一典型特徵，引用席勒的名詩名句，把酒會的歡樂氣氛及雙方長期友好合作的願望表達得淋漓盡致。

較為正式的場合中，勸酒一般是為了讚揚對方和介紹自己。讚揚對方既是對對方的尊重，又是一種禮貌。如尼克森在一九七二年訪華時，讚揚長城之美；柴契爾夫人一九八二年訪華時，讚揚中國是很多科學發明的發源地。在勸酒辭中適當介紹自己是提高自己知名度的好機會。介紹內容須根據具體對象，擇詞而用，靈活機動，不拘一格。

這種場合下的勸酒辭要有文采。適當引用成語、名言、典故、詩詞，話語幽默，便能使講話更有感染力。

Point 04

拒酒理由，說得自然

酒桌上的氛圍總是喝酒容易拒酒難，想要拒絕本身就是一件難事。拒酒的話要說得不讓勸酒的人覺得是你故意不給面子，或者不讓其他人覺得你在故意掃大家的興，就更不是件容易的事。下面我們介紹幾種行之有效又自然大方的拒酒方式。

一、滿臉堆笑，就是不喝

張力大喜之日，特邀親友祝賀，小波也在其中，然而小波平素很少飲酒，且酒量「不堪一擊」。酒席上，偏偏有人提議小波與張力單獨「表示」一下，小波深知自己酒量的深淺，忙起身，一個勁的扮笑臉，一個勁的說圓場話：「酒不在多，喝好就行。」

「經常見面，不必客氣。」

「你看我喝得滿面紅光，全托你的福，實在是……」

結果使張力無可奈何。在筵席上一些「酒精（久經）考驗」的拒酒者，任憑敬酒的人說得天花亂墜，他就是笑眯眯的頻頻舉杯而不飲，而且振振有詞。這種「滿面笑容，好話說盡」的拒酒術往往能讓對方拿你沒辦法，最後只好作罷。

二、以其人之道，還治其人之身

小君的朋友吳勇，人很好，就是有一個毛病，喜歡在酒席上盛情勸酒，而且通常都採取那種欲抑先揚的勸酒術，先恭維對方是「高人」或「朋友」，再舉杯敬酒，讓對方騎虎難下。因爲吳勇已經「有言」在先，如果不喝，就不配爲「高人」，不配做「朋友」。

這天在酒席上，吳勇又故技重演，勸小君喝酒但可小君怎麼也不想喝了，於是說：「今天你要我喝酒簡直是要我的命。如果你把我當朋友，就不要害我了！」

吳勇也不好意思再勸了，小君使用了和他一樣的說話技巧，可謂是以其人之道，還治其人之身。因爲小君的言下之意也很明白：你要我喝酒就不夠朋友！而勸酒者都有一個心理：喝也罷，不喝也罷，口頭上都必須承認是朋友，是兄弟。抓住這個弱點予以反擊，勸者礙於「朋友」的情面，不得不緘口。

三、坦白求「從寬」

趙波去參加一個宴會，王剛好久沒與他見面了，堅持要和趙波痛飲三杯，趙波說：「你的厚意我心領了，遺憾的是我最近身體不好，正在吃藥，已經好久都滴酒不沾，只好請老朋友你多多關照了。好在來日方長，日後我一定與你一醉方休，好嗎？」

此言一出，賓客們紛紛贊許，王剛也就只好見好就收了。

事實勝於雄辯，拒酒時，若能突出事實，申明實際情況，表明自己的苦衷，再配上得體的語言，那就能取得勸酒者的諒解，使他欲言又止，輟杯罷手。

四、誇大後果，爭取諒解

飲酒當然是喝好而不喝倒，讓客人乘興而來，盡興而歸。那種不顧實際的勸酒風，說到底，也不過是以把人喝倒爲目的，這充其量只能說是一種低級趣味的勸酒術，是勸酒中的大忌。作爲被動者，當酒量喝到一半有餘時，就應向東道主或勸酒者說明情況。如：「感謝你對我的一片盛情，我原本只有三兩酒量，今天因喝得格外開心，多貪了幾杯，再喝就『不對勁』了，還望你能體諒。」

如此開脫以後，就再也不要喝了，這種實實在在的說明後果和隱患的拒酒術，只要勸酒者明白「過猶不及」的道理，善解人意者，就會見好就收。

五、女將出馬，以情動人

媛媛陪丈夫去參加聚會，酒席上丈夫的好朋友們大有不醉不歸的架勢。但丈夫身體不好，媛媛擔心生性內向的丈夫會一路陪到底，而不會適時拒絕。等丈夫三杯白酒下肚，媛媛站了起來，舉起手中的酒，對酒席上丈夫的朋友們說：「各位好朋友，我丈夫身體不好，兩周前還去過醫院，醫生特地囑咐說不能喝酒，但今天見了大家，他太高興了，才喝了那麼多。既然都是好朋友，你們一定不忍心讓他酒喝盡興了，人卻上醫院了。爲了不掃大家的興，我敬各位一杯，我先乾爲敬！」

說完，一杯酒就下了媛媛的肚子。丈夫的朋友們，聽她說的既有道理，又充滿感情，再看她豪爽的架勢，也就不再勸她丈夫的酒了。

酒席上，女人拒酒往往更能得到人們的理解，如果女人能幫著丈夫拒酒，不就是幫丈夫解圍了嗎？當然這時，一定要慎重，不要貿然代替丈夫拒酒，否則會讓人覺得你的丈夫不豪爽，反而有損丈夫的面子。

六、設下陷阱，請君入甕

劉某新婚大喜之日，當酒宴進入高潮時，某「酒仙」似醉非醉、侃侃而談，請三位上座的來賓一起「吹」一瓶。面對「酒仙」言辭上的咄咄逼人，三位來賓中的一人站起來說：

「我想請教你一個問題『三人行，必有我師。』這是不是孔子的話？」

「是的。」「酒仙」隨即說。

來賓又問：「你是不是要我們三個人一起喝？」

「酒仙」答：「沒錯。」

來賓見其已入「圈套」，便說：「既然聖人說『三人行，必有我師』，你又提出要我們三人一起喝，你現在就是我們最好的老師，請你先示範一瓶，怎麼樣？」

這突如其來的一擊，直逼得「酒仙」束手無策、無言以對，只得解除「酒令」。

這一招叫「巧設圈套，反守爲攻」，就是先不動聲色，靜聽其言，等待時機。一旦時機成熟，抓住對方言辭中的「突破口」，以此切入，反守爲攻，使對方無言爭辯，從而回絕。當然了，這一招最爲關鍵的是「巧設圈套」，這需要設局者跳出當時的處境，以旁觀者的心態，去看待事情本身。這時，往往會有「閃亮」的圈套躍入思維。酒場上最忌的是「直接」、「粗魯」。虛虛實實、實實虛虛是酒場的軸心。

如何利用巧言逃離酒桌應酬

Point 05

酒桌應酬在職場中具有重要的意義，很多合約和生意有時候就是在酒桌旁談成的。因而，公司的領導人一向很重視酒桌應酬。

當公司裡有應酬，特別是來客乃「重要人物」時，領導者總會想到把自己喜歡和信任的下屬帶過去陪酒。得到領導的賞識是一件好事，但有些時候你確實非常不願意去陪酒，又或者跟你更重要的事情有時間上的衝突時，這時候你該怎麼辦？如果貿然拒絕了領導的好意，就很容易把領導得罪了。如何逃離酒桌應酬，又能讓領導理解，這得用點「心計」。

丁湘是一家雜誌社的採訪部主任，本來談廣告業務的事和她沒有什麼關係，但由於多年記者生涯打拼下來，讓她練就了一身交際的好本領，再加上大方、穩重的氣質和漂亮的外貌，令主編每當面對大客戶的時候都會想到她，讓她作陪。

但丁湘對這類應酬是很不情願的，因為下班後她希望能多陪陪孩子和老公，享受家庭的幸福生活。幾次應酬之後，丁湘覺得不能再這樣下去了，必須想個方法逃離酒桌。當主編又一次要帶丁湘去見客戶的時候，丁湘並沒有當面拒絕主編，而是爽快的答應了下來。

晚上，丁湘如約前往。酒桌上，丁湘看出這次的客戶確實來頭不小，而且對她們的雜誌比較認可。陪客人的除了她和主編外，還有雜誌社的投資人以及廣告部的主任。丁湘不知道自己的到來是否能起到一定的作用，但她還是不辱使命，施展著自己的交際才華。時間過去了大約半個小時，丁湘的電話響了起來，於是丁湘離桌去接電話。一會兒，丁湘回來，焦急的告訴主編說，自己的好朋友打來電話，說她得了胃炎住院了，而其家人又不在身邊，需要她去照顧一下。主編和在座的眾人一看到這種情況，就馬上答應了，讓丁湘趕緊去。

就這樣，丁湘一邊說著抱歉的話一邊急匆匆的離開了。

面對酒桌應酬，丁湘沒有直接向主管提出拒絕，而是運用巧妙的方式，巧借接電話的理由，成功逃離了酒桌。

相信很多人都有同感，酒桌上的應酬實在是不想參加而有時候又不得不參加。那些特別注重家庭生活的職場中人，都希望自己能夠和家人共進晚餐，享受其樂融融的家庭氛圍，而不是去酒桌旁陪客戶、陪主管。但是，在工作與家庭之間，在薪水與面子面前，往往不能按照自己的意願行事，哪怕勉爲其難也得一再的將就下去。

不過，有些時候還是可以利用一些巧妙的方法，將那些自己不喜歡的陪酒、應酬統統甩掉。就如丁湘這樣，運用打電話救急，也不失爲一個好辦法。

除了這個方法，下屬在適當的時候還可以運用以下兩種方法：

一、如果你事先對應酬有所預料，就可以提前對主管說有事，尋找機會再「腳底抹油溜之大吉」。你也可以將手機關掉，讓主管找不到你，當被問起來時，你可以謊稱手機沒電了。當主管追問時，講明事因，自然就能遮掩過去。這就叫「三十六計，走爲上。」

二、萬一無法「逃走」，你就索性坐下來，裝不舒服。例如，你可以等開始飲酒後，先喝一大口，然後裝著極不舒服，然後去廁所把酒大口大口的吐出來。你也可以「不小心」弄髒桌椅，並稱近日自己身體極不舒服。主管見桌椅弄髒，自然會覺得敗興，但又對你怪罪不起來。即使這時你自己不提出去看醫生或是去休息，飯桌上的人大概也會關心的建議你離席。這叫「金蟬脫殼」。

下屬在面對自己不願參加的酒桌應酬時，不妨借鑒以上幾種方法，既能讓主管接受你的拒絕，又能讓你成功逃離酒桌應酬。

在婚宴上如何說出美好的祝福

自從有了人類，婚宴喜慶的場面就成爲人類生活中很重要的一部分，並且也是除了過年節喜慶之外最爲隆重、熱鬧和喜氣洋洋的一個節日。這幾乎也是每個男女都要親自感受或親自參與的一個節目。在這一天，新郎、新娘的盛裝、華服就不用說了，單是那濟濟一堂的男女老少，哪個不是穿戴得齊齊整整，面帶笑容的來爲新郎新娘賀喜捧場？所以關於這一方面的祝詞使用就最普遍、最頻繁。受邀到結婚場合去的人，事先一定要以合適的身份準備好祝福。

一、長輩的祝詞

在婚禮當中，長輩的祝詞應該是最正規、最必不可少的，它是婚禮儀式上的一項很重要的過程。作爲一個長輩，不能在婚禮上說幾句客套的祝詞就算了事，他們既是您的晚輩，也是您的親人，所以您的諄諄教導是最合適的祝詞。

「我是新娘的大伯，在這裡我代表她所有的長輩首先祝他們小夫妻『生活甜美，白頭到老！』」

「在這盛大、隆重的喜慶場合，我本應多爲你們祝福，多講幾句使你們高興、愉快的話，但你們還年輕，不完全瞭解婚姻生活究竟是怎麼一回事，因此作爲過來人，我想藉著這個說話的機會給你們一點忠告：『婚姻生活，就如在大海中航行，而你們倆沒有半點航海的經驗。這一片汪洋，風浪、風波總會有的，如果你們還在做夢，認爲婚姻生活總會一帆風順，那就快些醒來吧！』」

「婚姻是叫兩個個性不同、性別不同、興趣不同，本來過著兩種不同生活的人去共過一種生活，同吃、同住、同玩。世上又哪有口味、習慣、情欲、嗜好都完全相同的人？所以假定你們不吵架，就一點人情味也沒有了。」

「我的侄女，我誠實的告訴你，婚姻生活不是完全沐浴在蜜汁裡，你得趁早打破少女時代的浪漫夢想，豎起你的脊樑，決心做一個溫柔賢慧的妻子，同時還要擔負起家庭事務的重擔。」

「我的侄兒，或許你不久就會發現別人的太太更漂亮。但你要清楚，你的新娘並非仙女，她只是一個可愛的女子，能幫你度過人生的種種磨難。唯有她，才是你一生可遇而不可求的稀世珍寶。而世上這樣的珍寶不多，所以你要加倍的愛惜和保護。」

「我已經浪費了你們許多寶貴的快樂的時光，但我還要說一句長輩的願望之話：希望你們互相信任、互相扶持，共同走完完美的人生之路。」

二、主管的祝詞

若你是以主管的身份講話，又是在這種喜慶的場合，人們大多希望你說些鼓勵、讚揚的話語；如果你確實又有諸如對新郎或新娘提拔、晉升以及別的什麼獎勵的心願，不妨在此可順便說出來。

「我是韓棟單位的辦公室主任。韓棟自從進公司後就一直是在我這裡工作。我是看著他從年輕走向成熟並日漸老練的，所以我相信他今後會大有前途。而且他性情憨厚、樸實，樂於助人，很得人緣，公司上上下下都很喜歡他。如今他娶妻成家，這是他的大喜事，也是我們公司的一大喜事，因此我代表全公司同仁祝他生活甜甜蜜蜜，新婚快快樂樂！」

這樣增加他們的愉快心情，又能烘托出歡快氣氛，真可謂錦上添花。但是如果沒有這些方面的想法，就不能勉強許諾，否則會給你今後的工作產生很不好的影響。

三、同事及同窗好友的祝詞

在婚宴上，當事人最感高興的是友人的祝福，因爲大家同是年輕人，且彼此又相知、相交甚厚，所以祝福的語言自然不會是虛僞的客套。

「今天是劉明大喜的日子，說起來劉兄和我有很深的緣分，我們不但是同學、同事，還是同宿舍的室友，因爲我們畢業後分到一個單位又在同一宿舍住。」

「每次同學聚會，談到婚姻問題，劉明總會說他會最晚結婚。沒想到他會是第一個踏進結婚禮堂的幸運兒。」

「前些天在街上偶然遇見他們，劉兄把他的未婚妻介紹給我，當時就覺得他們是天生的一對。後來我們一起去看電影。他們低頭私語、甜蜜非常，早把電影和我這個『第三者』忘得一乾二淨了。」

「李小姐——不，劉太太。我要坦誠對你公開劉先生的一個壞習慣，那就是晚上愛熬夜，我們同宿舍的人常深受其害。不可否認的，他是位很好的人。假如劉兄的這一壞習慣能得到改進，你的功勞就非常之大了。」

「最後祝福兩位健康、幸福，並且再說一聲：恭喜恭喜！」

四、一般人員的祝詞

由於你有社會地位或影響力，人們也很願意請你參加他們親朋好友的婚禮。雖然你和當事人或許並不相識，但透過親朋好友的牽線，你幫過他們的忙，出於對你的感激或因你的知名度，禮貌上他們請你說幾句，盛情難卻，那樣歡樂的場面你又不好推辭，所以不得不整理一番思緒，開始你的祝福。由於你和當事人的關係很一般，對於他們細枝末節的小事情不大瞭解，又不便以長者、親朋好友的身份說些鼓勵、親切的話語，只能說些純粹祝福的話語，但要力求脫離俗套、與眾不同就比較困難一些，因爲「祝生活甜蜜、愛情幸福」之類的話語前人已說了很多，你再重複似乎意義不大，因此你完全可以換一個角度，從當事人選擇的結婚日子上著手引申展開你的話題，這樣既能顯出你的博學多才，又能表達你的美意。如：

「在這陽春三月，春光融融的大好日子裡，我接到了你們的喜帖，於是喜氣洋洋的趕來祝福。新郎的瀟灑、新娘的美貌可謂爲這春天增添了最濃的春意。」

「春天是一年中好的開始，預祝你們的生活和事業，永遠像春天一樣充滿希望和生機！」

總之，好的祝詞不僅能烘托氣氛，而且還能溫暖人心，使人深受鼓舞和啓發。即使新郎新娘沒有委託你代表眾人講話，你也可以把準備好的短短的祝福詞獻給他們，這樣無形中你會多了兩個朋友，那又何樂而不爲。

Chapter.03

與病人說話需要掌握的方法

病房探望

與病人談話的要點

親朋好友住院時，如果你想前去探望，就應該先掌握一下技巧。

一、要瞭解情況，有針對性的與病人進行交談

瞭解情況，是指對病人的病情、思想狀況和實際情況有所瞭解，以及相關疾病的基本醫藥護理知識。根據患者在住院期間的不同狀況來進行各種安慰。

例如，有的慢性病患者由於養病休時間較長，容易產生放棄的想法。對此，要多給他講一些「既來之，則安之」的道理，勸慰病人在醫院安心治療，不要有頭無尾，功虧一簣。有的病人可能比較擔心經濟負擔等實際問題，對此則應該勸他們著眼於健康，注意調養，並建議與相關單位聯繫爭取適當補助。有的病人對自己所患的疾病缺

乏信心，遇到這種狀況，就應該多介紹一些得了類似疾病而經過治療得到痊癒的實例，這樣就可以減少患者及其家屬的憂慮。

二、交談中儘量多談一些使患者感到愉快、寬心的話題和事情

安慰病人的目的在於讓病人精神放鬆，早日恢復健康。因此，在安慰對方時，絕不能與其談論有可能增加憂慮和不安的消息與話題。在病人談論病情和感覺時，應當認真聆聽，以便從中發現一些對病人有利的因素。隨時接過話題，對病人進行安慰。

三、在交談過程中，還要特別注意語氣語調的運用

病痛在身的人，十分需要他人的安慰，因而對探望者的語氣語調特別敏感。所以，探望者要努力使自己在交談時音量適當，語氣委婉，感情真摯。要儘量使患者覺得在你探望後感到心情愉快和輕鬆。這樣，有利於減少疾病給患者帶來的心理壓力，

有助於恢復健康。

四、不要在交談中以自我為中心

當你探望生病的朋友時，請牢牢記住，你是去提供幫助、表示關心的。因此要多多注意別人的感覺，而不要以自我爲中心。

不要藉朋友的不幸，引述出你自己的類似經歷。你可以說「我也碰到過這種事」或者說「我能理解你現在的心情」。對待磨難各人有各人的處理方式，所以，不要把你自己的處世態度強加給或許並非與你一樣感情外露的朋友。

五、不要使用憐憫的話語

人都是有自尊的，尤其是生病以後。自尊心的敏感度更是勝過以往。你若是憐憫他，他很可能認爲你是在嘲笑他，越覺得自己的病非同一般。所以我們要使用相反的方法。當我們看望患者時，可以說：「多幸運呀，我也想生點小病，好好的休息幾天。」讓患者不由自主的覺得偶爾生一點小病也是一種幸福了。

總之，探病是爲了安慰病人，鼓勵病人戰勝病痛，激發他們與病魔作抗爭的勇氣。因此，在與病人談話時千萬要做到全盤周密的考慮，懂得什麼樣的話可說，什麼樣的話不可說。

強調病人其他方面的優勢

人生病了，從哪個角度去講都沒有積極的意義。但是，爲了讓病人寬心，我們完全可以換個相反的角度，從人生的過程著眼，賦予生病一些價值與意義，使病人覺得自己儘管耗損了身體，耽誤了工作，卻一樣能夠收穫一些特殊的體驗或能力，從而在精神上有一種補償感。當然，在此之前最好先強調一下病人病情好轉，使其具備一個深入思考的心理基礎。

某人去看望朋友，他一反慣例，既不問病情也不聊調養方法，而是這樣安慰道：「看來，你的危險期已經過去，這就可以比較放心了。今後，你就多了一種免疫功能，比起我們，也就多增加了一重屏障，這種病，也許就再也不會打擾你了！」

探病者對生病意義的另一面的看法頗爲獨到。他先指出病人的危險期已經過去，讓病人稍感安慰，然後再強調生病雖然不是好事，但卻使病人具備了別人沒有的優勢：對此病產生了免疫能力，今後不會再得此病了。病人聽他這樣一說，心理自然得到了某種安慰，心情也就好多了。

有一個年輕人在車禍中受傷，處於昏迷狀態。患者在醫院裡甦醒後，覺得下肢不聽使喚，遂懷疑自己將終身殘廢，萌生了輕生念頭。患者的一個友人發現他的這一思想念頭後及時鼓勵說：「你年輕力壯，生理機能強，新陳代謝旺盛，只要你積極配合治療，日後加強鍛煉，肯定不會殘廢，這是醫生說的，請你相信我！」短短幾句鼓勵的話，終使患者拋卻了輕生念頭，增強了治療信心。

以後的日子，患者不但積極配合治療，而且堅強的投入了生理機能的恢復鍛煉。數月後即痊癒出院。後來他跟友人說：「要不是你適時給予我鼓勵，我是無論如何也不會對恢復健康抱有信心的。」

在這裡友人抓住病人身體素質好這一優勢，並特別強調，盡力使病人相信自己不會殘廢，並強調這是醫生所說，結果使病人重新對康復抱有了信心。

病人被病痛所折磨，只會關心該病本身的嚴重與否，卻很少會考慮決定病情與康復的其他重要因素。作爲探病者，我們應該把病人在其他方面的優勢因素挖掘出來，擺到特別而重要的地位上去，強調這些優勢因素是其他病人所不具備的，因而病人完全有理由採取比他人更爲樂觀的態度。病人意識到自身的這些優勢條件，肯定會對康復這件事恢復應有的信心。

Point 03

用暗示性的語言讓他精神振作

有些病人往往因自己的疾病好轉緩慢而灰心。這時，探視者如果能抓住病人在治療過程中出現的某些症狀緩解的依據，適時予以積極的暗示，將會消除病人的悲觀心理，使其鼓起希望的風帆，積極配合治療。

探望住院治療的親友時，應該多說些有利於病人振奮精神，增強信心，促進治療和恢復健康的語言。倘若面對病情較重而喪失治療信心的親友，你說：「哎呀，你病得可不輕啊，看你瘦成這般模樣了。」這無疑會使病人的情緒「雪上加霜」，其結果不言而喻。只要你言語得當，肯定會使病人在愉悅中走上健康之路。

在探望病人時，我們說最多的是鼓勵、安慰、勸說性的話語，那麼在說這些話時，也可以運用讓他精神振作的暗示性語言。

一、在運用鼓勵性語言時，可以用病人本身的優勢進行暗示

當某些患者對自己疾病的治療喪失信心時，若適時的給予真誠和符合客觀事實的鼓勵，就能在患者身上產生「起死回生」的作用。

二、在運用安慰性語言時，可以代表他人暗示病人

探視者對患病親友的安慰，是沁人心脾的。安慰性語言的力量比任何時候都顯得重要，但如果運用暗示性的安慰，效果會更明顯。例如：

有個初患膽囊疾病的患者，因爲疾病發作時疼痛難忍，加之一時未得到確診而心理恐慌，大喊大叫。這時，患者的一個同事聞訊前來探望，並安慰說：「請你冷靜一下，醫生正準備給你作超音波檢查。你放心，這個部位不會有大病，我的一個親戚有過和你相似的病症，一查才知道只不過是膽囊炎，很容易治療的。」一席安慰話，似乎是一劑靈丹妙藥，患者的情緒很快穩定了下來。

三、在運用勸說性語言時，藉實際情況進行暗示

一些患者在治療過程中，往往會因爲手術的疼痛或懷疑有危險而產生恐慌心理，進而拒絕治療。面對患者的這一心理障礙，人們去醫院探望時，應該積極做些說服工作。尤其是一些頗具現身說法的勸說性語言，說服力更強，效果最好。

培養病人的耐心

病人生病後，正常的學習、工作、生活等都被迫中斷，自己不得不暫時與外界隔離，過上與病痛爲伴的索然無味的生活，換成了任何一個人，恐怕都會爲此而感到煩躁、焦慮，特別是一些性子急的人，巴不得馬上康復，把失去的時間補回來。

對於這樣的病人，講個故事或打個比方，讓其意識到「一心不得二用」的道理是非常必要的。只有明白了這個道理，病人才能夠意識到自己的焦慮是非但無益、反而有害的，從而安心養病。

有這樣一個故事：

某校的高中生劉明，因班上課業競爭比較激烈，又面臨期末考試，結果一下子把身體累垮了，住進了醫院，體重銳減了十幾公斤。住院期間，他一方面病痛纏身，一方面又總惦著自己的課業，生怕因為耽誤了功課而成績落到後面去，結果反而加重了病情。他的朋友王東來探望他，知道了劉明的這種情況，對他說：「我希望你把你的生活想像成一個沙漏。你知道嗎？在沙漏的上一半，有成千上萬粒沙子。然而，永遠也沒有辦法讓兩粒以上的沙子同時從一個窄細的漏管中流下去。我們每個人都像這個沙漏。每一天都有許多事情要做，如果我們一件一件的做，就像沙子一粒一粒的通過沙漏一樣，那麼我們就既能把事情做好，又能確保身體不受損害。相反，如果像你這樣一面養病，一面還想著去背課文、做習題，那你非但無法提高成績，又養不好病，只有壞處沒有好處，是不是？」

劉明聽了王東的話，終於慢慢的使心平靜下來了。他記住了王東說的「一次只流過一粒沙子，一次只做一件事情」的忠告，很快便恢復了健康。王東以沙漏作比方，向劉明講述了「一心不得二用」的道理，形象生動，頗給人啓發。劉明明白了這個道理，意識到只有現在安心養病，才能把錯過的功課補回來，真正跟上課業，也就不再焦躁了。

最討人喜歡的說話方式

A Favorable Way of Speaking

Chapter.04

用語言贏一場沒有硝煙的戰爭

無敵談判

Point 01

環顧左右，迂回入題

我們每個人對「顧左右而言他」這句諺語都不陌生，但在談判中，如何運用它，也許不是每個人都熟悉的。在談判中，特別是開談之前，巧妙運用其法，將有利於你取得談判的勝利。

談判開始之時，雖然雙方人員外表彬彬有禮，但往往內心忐忑不安。尤其是談判過程中更是如此。因此，不能一見面就急急忙忙的進入實質性談話，要善於運用環顧左右，迂回入題的策略，一定要用足夠的時間，使雙方協調一致。因此，談判開始的話題最好是輕鬆的，非業務性的。這樣，可以消除雙方尷尬狀況，穩定自己的情緒，使談判氣氛變得輕鬆、活潑，為談判成功奠定一個良好的基礎。

環顧左右，迂回入題的做法很多，下面介紹幾種常用且有效的入題方法：

一、從題外話入題

談判開始之前，你可以談談關於氣候的話題。如「今天的天氣不錯。」、「今年的氣候很怪，都三、四月了，天氣還這麼冷。」、「還是生活在南方好啊，一年到頭，溫度都這麼適宜。」

可以談有關旅遊的話題。如「杭州西湖真是美啊，各位去過沒有？」、「中國大陸的兵馬俑堪稱世界一絕，沒有去看那真是一大遺憾。」、「各位這次經過少林寺，有沒有去玩玩，印象如何？」

可以談有關娛樂活動的話題。如「昨晚的舞會，大家都盡興了吧？張女士舞姿翩翩，真是獨領風騷啊！」、「離我們這裡不遠，有一家好樂迪KTV，聽說很不錯，各位不知去過沒有？」

可以談有關衣食住行的話題。如：「這裡的飯菜有點辣，各位吃得慣嗎？」、「這幾天天氣很冷，感冒的很多，要注意多加衣服。」、「這裡居住條件還是蠻好的，尤其是有空調，這是比其他地方優越之處。」

可以談有關旅行的話題。如「各位昨天的火車準時嗎？一路上辛苦了。」、「這裡的旅遊點非常多，非常美，不妨去看一看。」

可以談有關嗜好、興趣的話題。如「先生喜歡集郵嗎？最喜歡哪類郵票？」、「釣魚最重要的是要耐心，否則談不上釣魚了。」、「我也喜歡養花，但就是不知道怎麼才能養好。」

題外話內容豐富，可以說是信手拈來，不費力氣。你可以根據談判時間和地點，以及雙方談判人員的具體情況，脫口而出，親切自然，不必刻意修飾，否則反而會給人一種不自然的感覺。

二、從「自謙」入題

如對方爲客，來到己方所在地談判，應該向客人謙虛的表示各方面照顧不周，沒有盡好地主之誼，請諒解等等。

也可以由主人介紹一下自己的經歷，說明自己缺乏談判經驗，希望各位多多指教，並透過這次交流建立友誼等等。

三、從介紹己方人員情況入題

可以在談判前，簡要介紹一下己方人員的經歷、學歷、年齡和成果等，由此打開話題，既可以緩解緊張氣氛，又不露鋒芒的顯示了己方的實力，使對方不敢輕舉妄動，暗中給對方施加了心理壓力。

四、從介紹己方的基本情況入題

談判開始前，先簡略介紹一下己方的生產、經營、財務等基本情況，提供給對方一些必要的資料，以顯示己方雄厚的實力和良好的信譽，堅定對方與你合作的信心。

氣氛如何，你來決定

序幕拉開後，談判雙方正式亮相，開始彼此間的接觸、交流、摸底甚至衝突。當然這也僅僅是開始，它離達成正式協議還有相當漫長的過程。但是在談判開始階段，你首先要做好一項非常重要的工作，那就是營造洽談的氣氛，它對談判成敗有非常重要的關係。

談判氣氛是談判對手之間的相互態度，它能夠影響談判人員的心理、情緒和感覺，從而引起相應的反應。倘若你經歷過任何一次談判，你對那次談判的氣氛都應該記憶猶新吧？那或許是冷淡的、對立的；或許是輕鬆的、曠日費時的；或許是積極的、友好的；也有嚴肅的、平靜的；甚至還有大吵大鬧的……

美國談判學家卡洛斯認為大凡談判都有其獨特的氣氛。善於創造談判氣氛的談判者，其談判謀略的運用便有了很好的基礎。我們有理由認爲，合適的談判氣氛亦是談判謀略的一個重要組成部分。良好的談判氣氛有助於談判者發揮自己的能力。

你也應當清楚，那種積極友好的氣氛對談判將有多大的幫助，它能使談判者輕鬆上陣，信心百倍，高興而來，滿意而歸。

不同的談判氣氛，對於談判有著不同的影響，一種談判氣氛可以在不知不覺中把談判朝某個方向推進。熱烈的、積極的、合作的氣氛，會把談判朝達成一致的協議的合作方向推動；而冷淡的、對立的、緊張的氣氛則會把談判推向更爲嚴峻的境地，很難真正的解決問題。

談判氣氛形成後，並不是一成不變的。本來輕鬆和諧的氣氛可以因爲雙方在實質性問題上的爭執而突然變得緊張，甚至劍拔弩張，一步就跨至談判破裂的邊緣。這時雙方面臨的最急迫問題不是繼續爭個「魚死網破」，而是應儘快緩和這種緊張的氣氛。此時詼諧幽默無疑是最有力的武器。

在一次重要的談判中，雙方以前未曾有過任何接觸，氣氛略顯沉悶。這時甲方的代表開口了：「王經理，聽說你是屬虎的，貴廠在你的領導下真是虎虎生風呀！」
「謝謝，借你吉言。唉，可惜我一回家，就虎威難再了！」
「噢，爲什麼呀？」
「我和我的夫人屬相相剋啊，我被降住了！」
「那麼你妻子……」
「她屬武松！」
雙方你來我往，不經意的幾句幽默話語，就讓原來的沉悶一掃而光，彼此間很容易就建立起一種親近隨和的關係。
談判室是正式的工作場所，容易形成一種嚴肅而又緊張的氣氛。當雙方就某一問題發生爭執，各持己見、互不相讓，甚至話不投機、橫眉冷對時，這種環境更容易使人產生一種壓抑、沉悶的感覺。在這種情況下，可以採用上文提到的「殺手鐧」——幽默；也可以建議暫時停止會談或雙方人員去遊覽、觀光、出席宴會、觀看文藝節目；還可以到遊藝場、俱樂部等處娛樂、休息。這樣，在輕鬆愉快的環境中，大家的心情自然也就放鬆了。

更主要的是，透過遊玩、休息、私下接觸，雙方可以進一步增進瞭解，消除彼此間的隔閡，增進友誼，也可以不拘形式的就僵持的問題繼續交換意見，予嚴肅的討論於輕鬆活潑、融洽愉快的氣氛之中。這時，彼此間心情愉快，人也變得慷慨大方。談判桌上爭論了幾個小時無法解決的問題，在這兒也許會迎刃而解。

不同的對手用不同的說話方式

談判可以說是一場頑強的性格之戰。因爲我們要接觸的談判中的對手千差萬別，無論經驗如何豐富，要做到萬無一失也很難。因此，對於各種不同的談判對象，可以視其性格的不同而加以調整，採取不同的策略。

一、霸道的對手

由於具有自身的優勢，這種人十分注意保護其在對外經濟貿易以及所有事情上的壟斷權。在撥款、談判議程和目標上受許多規定性的限制。與這種人打交道，一般應做到：準備工作要面面俱到；要隨時準備改變交易形式；要花大量討價還價的精力，才能壓低其價格；最終達成的協議要寫得十分詳細。

這種人的性格使得他們能直接向對方表示出真摯、熱烈的情緒。他們十分自信的步入談判大廳，不斷的發表見解。他們總是興致勃勃的開始談判，樂於以這種態度取得經濟利益。

在磋商階段，他們能迅速把談判引向實質階段。他們十分讚賞那些精於討價還價，爲取得經濟利益而施展手法的人。他們自己就很精於使用策略去謀得利益。同時，希望別人也具有這種才能。他們對「一攬子」交易懷有十足的興趣。作爲賣者，他希望買者按照他的要求做「一攬子」說明。所謂「一攬子」意指不僅包括產品本身，而且要介紹銷售該產品的一系列辦法。

二、死板的對手

這種人的談判特點是準備工作做得完美無缺。他們直截了當的表明他們希望做成的交易、準確的確定交易的形式、詳細規定談判中的議題，然後準備一份涉及所有議題的報價表，陳述和報價都非常明確和堅定。

死板人的不太熱衷於採取讓步的方式，討價還價的餘地大大縮小。與之打交道的最好辦法，應該在其報價之前即進行摸底，闡明自己的立場。應儘量提出對方沒想到的細節。

三、好面子的談判對手

這種人顧面子，希望對方把他看做是大權在握、起關鍵作用的人物。他喜歡對方的誇獎和讚揚，如果送個禮物給他，即使是一個不太高級的禮物，往往也能取得良好的效果。

四、猶豫的對手

在這種人看來，信譽第一重要，他們特別重視開端，往往會在交際上花很長時間，其間也穿插一些摸底。

經過長時間的、廣泛的、友好的會談，增進了彼此的敬意，也許會出現雙方共同接受的成交可能。與這種人做生意，首先要防止對方拖延時間和打斷談判，其次必須把重點放在製造談判氣氛和摸底階段的工作上。一旦獲得了對方的信任，就可以大大縮短報價和磋商階段的時間，儘快達成協議。

針對以上四種人，我們總結出九條經典應對策略：

1. 對兇悍派特別有效的方式是引起他們的注意，必須把他們嚇醒，讓他們知道你忍耐的底線在哪裡。其目的不是懲罰，而是要讓他們知道你忍耐的極限。

2. 指出對方行爲的失當，並且建議雙方應進行更富建設性的談話，在這種情況下對方也會收斂火氣。這時最重要的是提出進一步談話的方向，給對方一個可以繼續交涉下去的臺階。

3. 對於逃避派或龜縮派，要安撫他們的情緒，瞭解他們恐懼的原因，然後建議更換時間或地點進行商談，適時說出他們真正的恐懼，讓他們覺得你瞭解他們而有安全感。

這種方法對兇悍派也有效，只要他們產生了安全感，自然就不會失去控制。

4.堅持一切按規矩辦事。兇悍派、高姿態派、兩極派都會強迫你接受他們的條件，你應拒絕接受壓迫，而且堅持公平的待遇。

5.當對方採取極端立場威脅你時，可以請他解釋爲什麼會產生這樣極端的要求，可以說：「爲了讓我更瞭解如何接受你的要求，我需要更深入的瞭解你爲什麼會這樣想。」

6.沉默是金。這是最有力的策略之一，尤其是對付兩極派，不妨可這樣說：「我想現在不適合談判，我們都需要冷靜一下。」

7.改變話題。在對方提出極端要求時，最好假裝沒聽到或聽不懂他的要求，然後將話鋒轉往別處。

8.不要過分防禦，否則就等於落入對方要你認錯的圈套。在儘量聽完批評的情況下，再將話題轉到：「那我們針對你的批評如何改進呢？」

9.避免站在自己的立場上辯解，應多問問題。只有問問題，才能避免對方進一步的攻擊。儘量問「什麼」，而避免問「爲什麼」。問「什麼」時，答案多半是事實；問「爲什麼」時，答案多半是意見，就容易有情緒。

總之，「一把鑰匙開一把鎖」，對待什麼樣的對手就要相應採取什麼樣的措施，這樣才能更靈活的「有的放矢」，儘快抓住其要害，從而更容易的讓談判成功。

Point 04 抬高對方的身價

在談判的時候，擺出一種把對方當做專家的姿態，會使他產生良好的感覺。對方的感覺雖然好多了，可是現在又覺得有一種壓力：「這一下可不敢隨便講話嘍。」

如果談判的內容屬於自己的專業範圍，你有必要向對方提出建議。而對方既然是有工作經驗的人，想必也有自己的專業，水準高低則另當別論，至少他也有專業上的自尊心。這裡，將計就計也是談判的一種技巧。

比如，對手是電腦公司生產廠商的經理，你說道：「有關電腦方面的問題，經理是專家，我在這裡只不過是班門弄斧。」把自己學到的一些有關電腦的知識和資訊講給他聽，當然其中也包含了對手不知道的資訊。如果形成你方在教對手的局面，則有傷對方的自尊心。在這種毫無意義的地方破壞了對方的情緒是不應該的。如果你想把對方再抬得高一點兒，你就應當對你的同伴說：「你是門外漢，根本不懂。對於經理來說，這些只不過是常識問題。」這麼一來，氣氛被烘托起來，就可以提出問題與對方談判了。「我作爲廣告方面的專家，是這樣想的。也希望您給予我們指教。」逼迫對方意識到自己是專家，就不能提出讓人恥笑的意見。

給對手戴上了一頂專家的帽子，談判也就不會在無意義的地方卡住了。因爲專家往往說話不多，只是在關鍵問題上把一把關。而門外漢往往是東拉西扯，喋喋不休，只顧枝葉而忽視本質，一旦捲入這種討論之中，話題將越扯越遠。在同一個問題上說來說去則是會談中最該避免的。談判不可倒退，而應以既定的方針爲前提不斷前進。

即使對手是個門外漢，你方硬把他當成專家來對待，那種毫無意義的倒退也可以防患於未然。對方既然擺出了不懂裝懂的樣子，他就要自尊自重，針對細節問題的提問和指責也會變得十分謹慎，這樣你方就可以經常處於主動狀態，暢通無阻的將談判的內容展開。

吹毛求疵的話怎麼說好

在商務談判中，談判者如能巧妙的運用吹毛求疵策略，會迫使對方降低要求，做出讓步。買方先是挑剔個沒完，提出一大堆意見和要求，這些意見和要求有的是真實的，有的只是出於策略需要的吹毛求疵。

有一次，某百貨商場的採購員到一家服裝廠採購一批冬季服裝。採購員看中一種皮夾克，問服裝廠經理：「多少錢一件？」

「五百元一件。」

「四百元行不行？」

「不行，我們這是最低售價了，再也不能少了。」

「咱們商量商量，總不能要什麼價就什麼價，一點兒也不能降吧？」

服裝廠經理覺得，冬季馬上到來，正是皮夾克的銷售旺季，不能輕易讓步，所以，很乾脆的說：「不能降價，沒什麼好商量的。」採購員見話已說到這個地步，沒什麼希望了，轉頭就走了。

過了兩天，另一家百貨商場的採購員又來了。他問服裝廠經理：「多少錢一件？」回答依然是五百元。

採購員又說：「我們會多買一些的，先採購一批，最低可多少錢一件？」

「我們只批發，不零賣。今年全省批發價都是五百元一件。」

這時，採購員不急於還價，而是不慌不忙的檢查產品。過了一會兒，採購員講：「你們工廠是個老廠商，信得過，所以我到你們工廠來採購。不過，你們這批皮夾克式樣有些過時了，去年這個式樣還可以，今年已經不行了。而且顏色也比較單調。你們只有黑色的，而今年皮夾克的流行顏色是棕色和天空藍。」他邊說邊看其他的產品，突然看到有一件衣服，口袋有裂縫，馬上對經理說：「你看，你們的做工也不如其他廠商精細。」他仍邊說邊檢查，又發現有件衣服後背的皮面不好，便說：「你看，你們這衣服的皮面品質也不好。現在顧客對皮面的品質要求非常講究。這樣的皮面品質怎麼能賣這麼高的價錢呢？」

這時，經理沉不住氣了，並且也對自己產品的品質產生了懷疑，於是用商量的口氣說：「你要是真想買，而且買得多的話，價錢可以商量。你給個價吧！」

「這樣吧，我們也不能讓你們吃虧，我們先買五十件，四百元一件，怎麼樣？」

「價錢太低，而且你們買的也不多。」

「那好吧，我們再多買點，買一百件，每件再多三十元，行了吧？」

「好，我看你也是個痛快人，就依你的意見辦！」於是，雙方在微笑中達成了協議。

同樣是採購，為什麼一個空手而回，一個卻滿載而歸?原因很簡單，後者採用了吹毛求疵策略，他讓顧主變得理虧，同時又讓顧主覺得他很精明，是個內行人，絕不是那種輕易被矇騙的採購，從而只好選擇妥協。

再來看看談判專家庫恩先生是怎樣將他的花招帶入日常生活中的，他可謂將吹毛求疵演繹到了極點。

有一次，他到一家商店買冰箱，營業員走上前來詢問他需要的冰箱規格，並告訴他該冰箱每台售價爲四百八十五美元九十五美分。庫恩先生走近冰箱左看右看，然後對營業員說：「這冰箱外表不夠光滑，還有小瑕疵。你看這兒，這點小瑕疵好像還是個小刮痕，有瑕疵的東西一般來說都是要降價賣的呀！」接著，庫恩先生又問營業員：「你們店裡這種型號的冰箱共有幾種顏色？可以看看樣品嗎？」

營業員馬上帶他看了樣品。庫恩先生看完後選擇了現在店裡沒有的顏色。他解釋說：「這種顏色與我家廚房裡的顏色很相配，而其他顏色則會令人感到不協調。顏色不好，價錢還那麼高，如果不重新調整一下價格，我只好另選購買品牌了，我想別的品牌可能有我需要的顏色。」庫恩先生打開冰箱門看過後問營業員：「這冰箱附有製冰器嗎？」

營業員回答說：「是的，這冰箱一天二十四小時都可爲你製造冰塊，而每小時只需二分錢電費。」

庫恩先生聽後大聲的說：「這太糟糕了！我的孫子有慢性喉頭炎，醫生說絕對不能吃冰，絕對不可以的。你可以幫我把這個製冰器拆下來嗎？」

營業員回答說：「製冰器無法爲您拆下來，這是冰箱的一個重要組成部分。」

庫恩先生接著說：「我知道了，但是這個製冰器對我來說毫無用處，卻要我爲此付錢，這太不合理了。價格不能再便宜點嗎？」

經過他的百般挑剔，冰箱的價格只得一降再降。

吹毛求疵談判方法在商貿交易中已被無數事實證明，不但是行得通，而且卓有成效。有人曾做過試驗，證明雙方在談判開始時，倘若要求越高，則所能得到的也就越多。因此，許多買主總是一而再、再而三地的運用這種戰術，把它當作一種「常規武器」。

總括來說，如果你能巧妙的運用吹毛求疵策略，無疑會爲你增益不少。吹毛求疵並不難，但一定要注意把話說到位。

循序漸進的提出要求

Point 06

在談判的時候，談判雙方都想爭取最大的利益，這也正是談判產生的主要原因。但是如何爲自己爭取最大利益呢？如果一下子就把自己的終極要求提出來，對方一看你胃口如此之大，肯定非常生氣，也會對你這個談判對象產生不信任。其實想要儘量得到自身最大利益的同時又不得罪對方，有一個很好的方法，就是用「切香腸」的方式一點一點的提出要求。

這就好像蠶吃桑葉一樣，一點一點、一片一片的統統吃光的談判策略，就是傳統的「蠶食」談判策略，又被稱爲「切香腸」策略。該策略的具體內容是：要想獲得一尺的利益，則每次謀取毫釐的利益，就像切香腸一樣，一片一片的把最大利益切到手。「切香腸」談判策略出自這樣一個典故：

在義大利，一個乞討者想得到某人手中的一根香腸，但對方不給，這位乞討者乞求對方可憐他，切一薄片給他，對方認爲這個要求可以，於是答應了。第二天，乞討者又去乞求他切一片，第三天又是如此，最後整根香腸全被乞討者得到了。

一般來說，人們對對方比較小的要求容易答應，而對較高的要求就會感到比較爲難。因此，有經驗的談判者絕不會一開始就提出自己的所有要求，而是在談判的過程中把自己所需要的條件一點一點的提出，這樣累計起來，就得到了比較優惠的條件。該策略在商務談判中運用得十分廣泛。談判桌上常常聽到「不就是一毛錢嗎？」、「不就多運一站路嗎？」、「不就是耽誤一天嗎？」等等，遇到這種情況，應當警覺，也許對方正在使用「蠶食計」。特別是在談判雙方討價還價的階段，有的談判者總是試探著前進，不斷的鞏固陣地，不動聲色的推行自己的方案，讓人難以覺察，最終產生「得寸進尺」的效果。

如果你在談判中想要得到更多，那就不要一下子提出所有要求，應該像切香腸一樣，把自己的要求切成小片，切得越薄越好，而且提出一點點要求，都要給對方相應的「回報」。這種辦法給人以一種假像，好像很「公平，讓雙方都感到滿意，其實你在無形中已經占了對方很大的便宜。房屋抵押貸款保險的服務對象爲向銀行申請分期貸款購買住宅的客戶。客戶一旦參加了這種保險，當遇到不可抗拒的因素而導致貸款人死亡，或者遭遇不測而不能償還銀行的分期貸款時，保險公司則代爲繳納，以分擔銀行和貸款人雙方的風險。一家剛剛成立的保險公司想要開展這方面的業務，但又比其他同行慢了一步。

於是，他們決定採用新戰術打開門路，以便在這一市場上佔有一席之地。經過一番周密的策劃，公司派出業務員與銀行洽談：「我們公司正計畫推行一種嶄新的服務辦法，我們絕不會像貴銀行所指定的那家保險公司那樣向客戶叩頭拜託，也不會像現在一些保險公司那樣，客戶一到銀行辦完貸款手續就馬上登門推銷。我們的辦法完全與他們不同，我們要用郵寄廣告的方式來擴展業務，所以請貴銀行把尚未加入保險的客戶名單抄一份給我們。如果你們的貸款由我們的保險來做加倍保障的話，你們也可以放心了。」

對於這家保險公司的這種要求，銀行方面沒有理由拒絕接受，加之郵寄宣傳的配合，經過一番努力之後，新的服務方式獲得了極大的成功，佔據了房屋抵押貸款保險業百分之八十的數量。第一步取得了成功之後，這家保險公司又派出代表到各大銀行遊說：「目前我們公司已經爭取到了整個市場百分之八十的數量，你看我們該不該爭取到百分之百？」就這樣，該公司成了當地唯一被銀行指定的保險公司。

在這裡，保險公司成功的運用了「切香腸」策略，取得了與銀行談判的成功。在蠶食的過程中，首先，從銀行那裡得到尚未參加保險的客戶名單，用新的服務方式招徠越來越多的客戶投保。其次，以初步的成功再向銀行提出新的要求，進而爭取到百分之百的當地市場數量。最後，以取得的成功為基礎，採取同樣的策略向全國出擊，最終在同行業中遙遙領先，從而實現了自己的最高目標。

把對方的意見說在前頭

坐到談判席上，在意想不到的情況下突遭對方的反駁後再支支吾吾的招架，則有失體面。事先估計到人家會反駁，但只準備一些應答的對策還不夠，仍容易被對方打敗。在爭論中佔據上風並不是談判的根本目的，充其量只不過是談判形勢的走向問題。

那麼，應當如何對待意料之中的反對意見呢？

當估計對方會予以反駁時，有這樣一種對付的辦法：在他們還沒有說出之前，你讓同伴將預料中的反面意見說出來，然後將其否定。

首先與同伴進行磋商，列舉幾條意想中的反對意見，事先設計好：「估計對方會以此爲理由攻擊我們，你先主動的把這個問題提出來！」在談判中，當同伴講出了這個意見以後，你馬上指出：「不對，這種觀點是錯誤的。」如此這般，將這些反對意見一個個都化爲烏有。同時，你方的幾個人之間還可以故意發生爭執。這樣做不會在對方面前露出什麼破綻，反而會在保全對方面子的情況下使其接受你方的方案。

反對意見多種多樣，有的可以從理論方面回答，有的無法用語言去解釋，只能憑自己的感覺去理解。對方提出的意見可以用道理來說明的部分很好處理，至於那些難以解釋的問題，最好還是用內部爭吵的方法來解決。比如數落自己的同伴：「你總是提出這類問題，什麼時候才能有點出息呢？」只有這種表達方式才能處理好這種反對意見。

坐在談判席上，總是有意識的將與會者分爲說服的一方和被說服的一方，這種想法是要不得的。對方有三個人，你方也有三個人，我們應當把這看做是與會的六個人正在共同探討著同一個問題，而不是三比三的對話。

所以，你方的與會人員有時最好也處在相互敵對的關係上。因爲如果總是保持一致對外的姿態，對方就會產生一種隨時有可能遭到你方攻擊的顧慮。把既成的事實強加於人，這是被說服一方最厭惡的一種做法。

當你方內部互相爭論的時候，很容易形成一種在場的所有人都在議論的氣氛，結論也仿佛是在對方的參與下得出來的。於是在大家的思想中能夠形成一種全體參與、共同協商的意識。但是，若只有你一個人在場的時候又該怎麼辦呢？

無論事先做過多麼周全的準備，一旦到了談判桌上，仍然會察覺到要有某種反對意見出現。這時，你可以把它處理爲臨來之前曾經聽到公司裡有人提出過這種意見。這樣，當你發覺這種反對意見即將提出的時候，就搶先說道：「在公司裡談論這個方案的時候，有個傢伙竟然這樣說……」這麼一來，不管持這種意見的人有沒有，都會產生敲山鎮虎的效果。說完以後，你還要徵求對方有什麼感想。聽你這麼一說，只要不是相當自信的人就很難說出「我也是這麼想的」這句話。即使摩拳擦掌準備提出這種反面意見的人，也不願落得與「這個傢伙」相同的下場，所以只得應付說：「是嘛，這麼說可就太奇怪了。」

用這個辦法，將對方的反面意見壓制住，哪怕只有一次，在以後的談判過程中對方就不會輕易反駁了。你方大致預料到反面意見的內容時，搶先說：「談到這裡，肯定會有糊塗蟲提出這麼一種反對意見……」於是對方唯恐提出不恰當的反對意見，以後被人恥笑爲「糊塗蟲」。

還有一個辦法：搶先說出對方從他們自己的立場出發所產生的不安和所要承擔的風險。譬如說：「我如果是經理的話，這種事情太可怕了，恐怕不敢瞎說。」也可以說：「也有出現這種情況的可能，所以我如果站在經理的立場上，也許會想辦法迴避。」把自己所預料出現風險的可能性間接的表達出來。在達成協議還是談判破裂的岔口上，語氣再稍微強硬一些也未嘗不可：「如果站在經理的立場上，我會認爲，造成談判破裂要比被迫接受對方的條件可怕得多。」

無論怎麼說，反正不能讓對方把反對意見先說出口，這與你方的意見讓對方說出令對方感到滿足是一樣的道理。對方的反對意見從你方嘴裡說出來，這樣做給人留下了對方反駁的觀點你方已經研究透了的印象，就可以不費吹灰之力的將其扼制住。

軟硬兼施，破除堅冰

在談判中，一味的用和氣、溫柔的語調講話，一個勁的謙虛、客氣、退讓，有時並不能讓對方信賴、尊敬及讓步，反而會使一些人誤認爲你必須依附於他，或認爲你是個軟弱的談判對手，可以在你身上獲得更多更大的利益。

相反，如果你一開始就以較強硬的態度出現，從臉部表情到言談舉止，都表現出高傲、不可戰勝、一步也不肯退讓，那麼留給對方的將是極不好的印象。這樣，會使對方對你的談判誠意持有異議，從而導致失去對你的信賴和尊敬。

正確的做法應當是「軟硬兼施」。須知，強硬與溫柔相結合，能使人的心態發生很大的變化。強硬會使對方看到你的決心和力量，溫柔則可使對方看到你的誠意，從而可以增強信任和友誼。在商務談判中，軟硬兼施的策略被談判者普遍採用。憑軟的方法，以柔克剛；又用硬的手段，以強取勝。

有這樣一個真實的例子：

一九二三年，蘇聯國內食品短缺，蘇聯駐挪威全權貿易代表柯倫泰奉命與挪威商人洽談購買鯡魚。

當時，挪威商人非常瞭解蘇聯的情況，想藉此機會大撈一筆，他們提出了一個高得驚人的價格。柯倫泰竭力進行討價還價，但雙方的差距還是很大，談判一時陷入了僵局。柯倫泰心急如焚，怎樣才能打破僵局，以較低的價格成交呢？低三下四是沒有用的，而態度強硬更會使談判破裂。他冥思苦想終於想出了一個辦法。

當他再一次與挪威商人談判時，柯倫泰十分痛快的說：「目前我們國家非常需要這些食品，好吧，就按你們提出的價格成交。如果我們政府不批准這個價格的話，我就用自己的薪資來補償。」

挪威商人一時竟呆住了。

柯倫泰又說：「不過，我的薪資有限，這筆差額要分期支付，可能要一輩子。如果你們同意的話，就簽約吧！」

挪威商人們被感動了，經過一番商議後，他們同意降低鯡魚的價格，按柯倫泰的出價簽訂了協議。

在商務談判中，當談判一方處於被動或劣勢的時候，可以先軟後硬，硬了再軟，或一波三折，軟硬兼施，來促使談判成功。

談判中有一種「黑白臉」策略經常被使用，這種策略可以說是軟硬兼施的最佳表現。所謂黑白臉策略，是指在商務談判過程中，以兩個人分別扮演「黑臉」和「白臉」的角色，或者由一個人同時扮演這兩種角色，軟硬兼施，使談判的效果更好。

這種策略的基本做法是，在談判過程中，由小組的一個成員扮演強硬派即「白臉」的角色，在談判開始時果斷的提出較高的要求，以後又必須堅定不移的捍衛這個目標，在談判中態度堅決、寸步不讓，幾乎沒有任何商量的餘地。此時，由小組的另一個成員扮演溫和派即「白臉」，尋求解決問題的辦法，然後在以不損害「黑臉」的「面子」的前提下建議做出讓步。

採取這種策略談判者必須配合好雙方的默契，在重大問題的處理上事先要有共識和約定，能進退自如。

什麼時候應當堅持強硬立場，什麼時候持以合作態度，什麼問題必須達到己方要求，什麼問題可以滿足對方，在時機與「火候」上都應把握好。初涉談判或經驗並不豐富的談判者，要謹慎的運用這種策略，否則可能會適得其反。

Point 09

巧妙而恰當的發問技巧

談判中應該適當的進行提問，這是發現對方需求的一種重要方式。

談判，就是了解對方真實的需要，進而透過談判解決問題。無論是對方個人的需求，還是他們所代表的團體的需求，對於談判的成功都是至關重要的。但這不是輕而易舉就能發現的，你必須像福爾摩斯一樣，運用各種技巧和方法，獲得多種資訊，才能真正瞭解對方在想些什麼，謀求些什麼。

提問是談判的重要內容。邊聽邊問可以引起對方的注意。爲他的思考提供既定的方向；可以獲得自己不知道的資訊，儘量讓對方提供自己不瞭解的資料；可以傳達自己的感受，引起對方的思考；可以控制談判的方向，使話題趨向結論。

談判中提問切忌隨意性和威脅性，從措詞到語調，提問前要仔細考慮。提問恰當，有利於駕馭談判進程；反之，將會損害自己或使談判節外生枝。不同對手，不同階段，不同問題必須不同對待。

問題問得巧，才是富有口才的表現。怎樣才能問得巧？首先，是選擇恰當的提問形式。

一、限制型提問

這是一種目的性很強的提問技巧。它能幫助提問者獲得較為理想的回答，減少被提問者說出拒絕的機會。

這種提問形式的特點是限制對方的回答範圍，有意識、有目的的讓對方在所限制的範圍內做出回答。

二、婉轉型提問

這種提問是用婉轉的方法和語氣，在適宜的場所向對方發問。

這種提問是沒有摸清對方虛實，先虛問，投一顆「問題的石子」，避免對方拒絕而出現難堪局面，又能探出對方的虛實，達到提問的目的。

例如，談判一方想把自己的產品推銷出去，但並不知道對方是否會接受，又不好直接問對方要不要，於是他試探的問：「這種產品的功能還不錯吧？你能評價一下嗎？」

如果對方有意，他會接受；如果對方不滿意，他的拒絕也不會使自己難堪。

三、啟發型提問

這是一種聲東擊西，欲正故誤，先虛後實的提問方法，以啓發對方對某個問題的思考，並做出提問者想要得到的回答。

四、攻擊型提問

當談判雙方發生分歧時，有時出於某種策略，要顯示己方的強硬態度，或者要故意激起對方的某種情緒，就可以使用攻擊型提問。但其結果大多會造成雙方情緒對抗與語言衝突，如：「我倒是想問你一句，你這麼說到底是什麼用意？」「如果我們不想接受你們的建議，你們會怎麼辦？」

攻擊型提問的不友善態度，決定了它不能在談判中任意使用。只有在談判對方瞻前顧後、猶豫不決的情況下，如果態度強硬，倒可以促使他下定決心。

五、協商型提問

如果你要對方同意你的觀點，應儘量用商量的口吻向對方提問，如：「你看這樣寫是否妥當？」這種提問，對方比較容易接受。而且，即使對方沒有接受你的條件，但是談判的氣氛仍能保持融洽，雙方仍有合作的可能。

其次，談判中何時提問，也是很有學問的。適時提問是掌握談判進度爭取主動的一個機會。一般來說，提問有這麼幾種時機：

一、在自己發言前後提問

談判中，可以在談自己的觀點之前，對對方的發言提出設問。此時並不一定要求對方回答，而是自問自答。這樣可以爭取主動，防止對方接過話題，影響自己發言。例如：

「你剛才的發言要說明什麼問題呢？我的理解是……對這個問題，我有幾點看法。」

「價格問題您講得很清楚，但品質怎樣呢？我先談談我們的要求，然後請您答覆。」

在自己充分闡述了己方的觀點之後，爲了使談判沿著自己的思路發展，牽著對方的鼻子走，往往要進一步提出要求，讓對方回答。

例如：「我們的基本立場和觀點就是這樣，您對此有何看法呢？」

「我們對產品的品質要求就是這樣，請問貴公司能否達到我們的要求呢？」

二、在對方發言完畢之後提問

在對方發言的過程中，不要急於提問。因爲打斷別人的發言是不禮貌的，容易引起別人反感。

對方發言時，你要認真傾聽。即使你發現了對方的問題，想急於提問，也不要打斷對方，可先把想要問的問題記下來，等對方發言完畢再提問。這樣，不僅顯示了自己的修養，而且能全面的、完整的瞭解對方的觀點和意圖，避免操之過急，曲解或誤解了對方的意思。

三、在對方發言停頓、間歇時提問

如果談判中，對方發言冗長，或不得要領，或糾纏細節，或離題太遠，影響談判過程，那麼，你可以藉他停頓、間歇時提問。

例如：當對方停頓時，你可以藉機提問：「您的意思是……」「細節問題以後再談，請談談您的主要觀點好嗎？」

四、在對方情緒好時提問

現實生活中我們常常看到，有些人高興起來一擲千金，反之，則一毛不拔。顯然，人情緒的不同，對同一件事可以做出完全不同的反應。

談判者受情緒的影響在所難免。談判中，要隨時留心對手的心境，在你認爲適當的時候提出相應的問題。例如，對手心境好時，常常會輕易的滿足你所提出的要求。並且還會變得粗心大意，很容易流露出愉快的語氣。此時，你抓住機會，提出問題，通常會有所收穫。

有些談判者在提問時往往操之過急，對所提問題本身沒有進行充分的思考，只憑一時衝動脫口而出。這種提問常常不是顯得冒失，就是提問者自己前言不搭後語，讓對方弄不清楚你所問的問題。結果，問題沒有提成，反而留下笑柄，使自己難堪。

五、在議程規定的辯論時間提問

大型談判一般要事先雙方議定談判議程，設定辯論的時間。在雙方各自介紹情況、闡述觀點的時間裡一般不進行辯論，也不向對方提問。只有在辯論時間裡，雙方才可自由的提出問題，進行辯論。

在這種情況下提問，要事先做好準備。「不打無把握之戰」。可以設想對方的幾種答案，針對這些答案考慮好己方的對策，然後再提問。

在辯論前的幾輪談判中，要做好記錄，歸納出談判桌上的分歧，準備好提問的「石頭」，以便看准對方的弱點，投擲出去，擊中對方要害。

在談判休會時，要多思考一些新的問題，利用和對方談判人員閒談之機，探求有關情報，摸清對方的真實意圖，爲辯論時的提問做好充分的準備。

談判中，雙方的地位是平等的。一方有提問的權利，另一方有拒絕回答的自由。因此，提問與回答需要雙方的相互尊重與共同合作。

Point 10 談判中「答」的技巧

在談判中，回答對方的提問是不可避免的現象。但是如何答，往往決定著自己在談判中的地位，更是口才能力的直接反映。在談判過程中，每一次的交換意見、溝通資訊大多是透過問答的方式來實現的，有問就會有答。那麼，針對問話，如何作答才能使自己處於有利地位，免得被對方牽著鼻子走呢？下面就介紹幾種比較實用的應付提問的作答方法：

一、不要徹底回答所提的問題

答話者要將問話者的範圍縮小，或者對回答的前提加以修飾和說明。比如，對方對某種產品的價格表示出關心，發問者便會直接詢問這種產品的價格。如果徹底回答對方，把價錢一說了之，那麼在進一步談判的過程中，回答的一方可能就比較被動了。倘若這樣回答：「我相信產品的價格會令你們滿意的，請先讓我把這種產品的幾種性能做一個說明好嗎？我相信你們會對這種產品感興趣的。」這樣回答，就明顯的避免了一下子把對方的注意力吸引到價格問題的焦點上來。

二、不要確切回答對方的提問

回答問題，要給自己留有一定的餘地。在回答時，不要過早的暴露你的實力。通常可用先說明一件類似的情況，再拉回正題，或者利用反問把重點轉移。例如：「是的，我猜想你會這樣問，我可以給你滿意的答覆。不過，在我回答之前，請先允許我問一個問題。」若是對方還不滿意，可以這樣回答：「也許，你的想法很對，不過，你的理由是什麼？」「那麼，你希望我怎麼解釋呢？」等等。

三、依發問人的心理假設回答

問答的過程中，有兩種不同的心理假設：一是問話人的，一是答話人的。答話人應依照問話人的心理假設回答，而不要考慮自己的心理假設。

一個美國陸軍上尉在軍隊中擔任財務官，多年來他已經私下挪用了不少公款。有一天，他在美軍專用市場買東西，有兩個憲兵走過來拍拍他的肩膀，說：「上尉，請你跟我們到外面一下好嗎？」上尉說，他要先去洗手間，麻煩那二位憲兵等一下。上尉進了洗手間以後，就開槍自殺了。那兩個憲兵大吃一驚。他們只是看到他的車停在門外消防栓旁邊，要他把車子往後挪一點而已。

這便是那位上尉以自己的心理假設行動的結果，他以為自己挪用公款被發覺了。撇開是非不談，如果那位上尉是以憲兵的心理假設反問一句：「什麼事？」跟著出去看一看的話，說不定還活得好好的。

四、找藉口拖延答覆

有時可以用資料不全或需要請示等藉口來拖延答覆。比如，你可以這麼回答：

「對你所提的問題，我沒有第一手的資料來做答覆，我想，你是希望我爲你做詳盡並圓滿的答覆的，但這需要時間，你說對嗎？」

當然，拖延時間只是緩兵之計，它並不意味著可以拒絕回答對方提出的問題。因此，談判者要進一步思考如何來回答問題。

五、有些問題不值得回答

在談判中，對方提出問題或是想瞭解我方的觀點、立場和態度，或是想確認某些事情。對此，我們應視情況而定。對於應該讓對方瞭解，或者需要表明己方態度的問題，要認真回答；而對於那些可能會有損己方形象、或洩密、或近於無聊的問題，談判者也不必爲難，不予理睬是最好的回答。當然，用外交辭令中的「無可奉告」一語來拒絕，也是回答這類問題的好辦法。

六、有時可以將錯就錯

談判中，由於雙方在表述與理解上的不一致，錯誤理解對方講話意思的事情是經常發生的。

一般情況下，這會增加談判雙方資訊交流與溝通上的困難，因而有必要予以更正、解釋。但是，當談判對手對你的答覆做了錯誤的理解，而這種理解又有利於你時，你不必去更正對方的理解，而應該將錯就錯，因勢利導。

比如，當買方詢問某種商品的供應條件時，賣方答覆買方可以享受優惠價格。而買方把賣方的答覆理解爲，如果他想享受優惠價格就必須成批購買。而實際上賣方只是希望買方多購買一些，並非買方享受優惠價格的先決條件。如果買方做了這樣的理解後，仍表示出購買的意願，賣方當然不必再把自己的原意解釋一番。

總之，談判中的應答技巧不在於回答對方的「對」或「錯」，而在於應該說什麼、不應該說什麼和如何說，這樣才能產生最佳效應。

七、不要馬上回答

對於一些問話，不一定要馬上回答。特別是對一些可能會暴露自己意圖、目的的話題，更要慎重。例如，對方問：「你們準備開價多少？」如果時機還不成熟，就不要馬上回答。可以找一些其他藉口談別的，或是閃爍其詞，答非所問，如談一談產品品質、交貨期限等，等時機成熟再攤牌，這樣效果會更理想。

八、不輕易做答

談判者回答問題，應該具有針對性，有的放矢，因此有必要瞭解問題的真實含義。同時，有些談判者會提出一些模棱兩可或旁敲側擊的問題，意在以此摸清對方的底牌。針對這一類問題更要清楚的瞭解對方的用意。否則，輕易、隨意做答，會造成己方的被動。

九、使問話者失去追問的興趣

在許多場合下，提問者會採取連珠炮的形式提問，這對回答者很不利。特別是當對方有準備時，會誘使答話者落入其圈套。因此，要儘量使問話者找不到繼續追問的話題和藉口。比較好的方法是，在回答時，可以說明許多客觀理由，但卻避開自己的原因，例如：「我們交貨延期，是由於鐵路運輸……」、「許可證辦理……」等，但不說自己公司方面可能出現的問題。

有時，可以找藉口說無法回答或資料不在，來迴避難以回答的問題，沖淡回答的氣氛。此外，當對方的問題不能予以清晰、有條理的回答時，可以降低問題的意義，如：「我們考慮過，情況沒有你想得那樣嚴重。」

設下「最後通牒」的陷阱

在談判中，有些談判者擺出架子準備進行艱難的拉鋸戰，而且他們也完全拋開了談判的截止期。此時，你的最佳防守兼進攻策略就是出其不意，發出最後通牒並提出時間限制。這一策略的主要內容是，在談判桌上給對方一個突然襲擊，改變態度，使對手在毫無準備且無法預料的形勢下不知所措。對方本來認爲時間很寬裕，但突然聽到一個要終止談判的最後期限，而這個談判成功與否又與自己關係重大，不可能不感到手足無措。由於他們很可能在資料、條件、精力、思想、時間上都沒有充分準備，在經濟利益和時間限制的雙重驅動下，會不得不屈服，在協議書上簽字。

美國汽車大王亞科卡在接管瀕臨倒閉的克萊斯勒公司後，覺得第一步必須先壓低員工的薪資。他首先降低了高級職員的薪資百分之十，自己也從年薪三十六萬美元減爲十萬美元。隨後他對工會領導人講：「十七元一小時的活有的是，二十元一小時的活一件也沒有。」

這種強制威嚇且毫無策略的話語當然不會奏效，工會當即拒絕了他的要求。雙方僵持了一年，始終沒有進展。後來亞科卡心生一計，一日他突然對工會代表們說：「你們這種間斷性罷工，使公司無法正常運轉。我已跟勞工輸出中心通過電話，如果明天上午八點你們還未開工的話，將會有一批人頂替你們的工作。」

工會談判代表突然傻眼了，他們本想透過再次談判，從而在薪資問題上取得新的進展，因此他們也只在這方面做了資料和思想上的準備。從未料到，亞科卡竟會來這麼一招！被解聘，意味著他們即將失業，這可不是鬧著玩的。工會經過短暫的討論之後，基本上完全接受了亞科卡的要求。

亞科卡經過一年曠日持久的拖延戰都未打贏工會，而出其不意的一招竟然奏效了，而且解決得乾淨俐落。

所謂「最後通牒」，常常是在談判雙方爭執不下、陷入僵持階段，對方不願做出讓步以接受交易條件時所採用的一種策略。實踐證明，如果一方根據談判內容限定了時間，發出了最後通牒，另一方就必須考慮是否準備放棄機會，犧牲前面已投入的巨大談判成本。

美國底特律汽車製造公司與德國談判汽車生意時，就是運用了最後通牒策略而達到了談判目標。

當時，由於雙方意見不一致，談判近一個多月沒有結果，同時，別國的訂貨單又源源不斷。這時，美國底特律汽車製造公司總經理下了最後通牒，他說：「如果你還遲遲不下定決心的話，五天之後就沒有這批貨了。」眼看所需之物搶購殆盡，德方不由得焦急起來，立刻就接受了談判條件，於是，一場持久的談判才告結束。美國這家公司使用的就是最後通牒法，迫使對方最後做了讓步。

可見，在某些關鍵時刻，最後通牒法還是大有裨益的。但是，該方法並非屢試不爽，一旦被對方識破機關，最後通牒的威力可能會反作用到自己身上來。這裡有一個實例：

美國通用電器公司與工會的談判中採用「提出時間限制」的談判術長達二十年。這家大公司在談判開始的時候，使用這一方法屢屢奏效。但到一九六九年，電氣工人的挫敗感終於爆發。他們料到談判的最後結果肯定又是故技重演，以提出時間限制相要脅，在做了應變準備之後，他們放棄了妥協，促成了一場超越經濟利益的罷工。

發「通牒」一定要注意一些語言上的技巧，要把話說到重點上。

一、出其不意，提出最後期限，這時談判者必須語氣堅定，不容通融。

運用此道，在談判中首先要語氣舒緩，不露聲色，在提出最後通牒時要語氣堅定，不可使用模棱兩可的話語，使對方存有希望，以致不願簽約。因爲談判者一旦對未來存有希望，想像將來可能會給自己帶來更大的利益時，就不肯簽定合約。故而，堅定有力、不容通融的語氣會替他們下定最後的決心。

二、提出時間限制時，時間一定要明確、具體。

在關鍵時刻，不可說：「明天上午」或「後天下午」之類的話，而應是「明天上午八點鐘」或「後天晚上九點鐘」等更具體的時間。這樣的話會使對方有一種時間逼近的感覺，使之沒有心存僥倖的餘地。

三、發出最後通牒言辭要委婉。

必須盡可能委婉的發出最後通牒。最後通牒本身就具有很強的攻擊性，如果談判者再言辭激烈，傷害了對方的感情，對方很可能由於一時衝動鋌而走險，一下子退出談判，這對雙方均是不利的。

Chapter.05

演講如何做到簡潔有力

即席演講

演講中的語調技巧

演講也是一種聲音的藝術，演講的資訊內容是以語調爲載體的，演講技巧的一個重要方面，是要引起聽眾聽覺方面的美感。我們應最大限度的調動和發揮語調方面的特長和優勢，追求最佳效果。要把抑揚、頓挫、輕重，緩急等因素綜合運用起來，精心調配，這不僅能準確的傳情達意，也會使語調變化多端，韻味無窮，有時浩蕩如大江東去，有時舒緩像涓涓細流，有時急劇若萬馬奔騰，有時柔和似和煦春風，使演講口語猶如一串自然優美的音符，以美的旋律、美的節奏，傳遞美的資訊，使演講真正成爲語言的藝術。

一、音量適中

開講時音調要適中，起句的調子要把握好，不能太高，太高了到最後就會聲嘶力竭，正文部分要根據內容使音調有起伏變化。演講結束時，應挑上去，造成氣勢。在演講中要注意有足夠的音量。即使採用最小音量表述時，也要以能使全場聽眾都聽清爲佳。如果音量太小，前排聽眾都聽不清，就會大大影響演講效果。

二、注意音節的配合

音節配合得好，念起來順口悅耳，語音順暢。比如一位教師在新生入學典禮上的演講中有這樣的句子：

「親愛的同學們，你們如果是蜜蜂，我們甘當你採蜜的花朵；你們如果是花朵，我們一定做好護花的綠葉……」

第一分句的「蜜蜂」和第三分句的「花朵」都是雙音詞；第二分句的「採蜜的花朵」和第四分句「護花的綠葉」都是五個音節。音節搭配勻稱，讀起來朗朗上口。

三、注意把握語氣

應做到語氣親切自然，富有親切感。對於要強調的內容，除使用排比、回環句式外，要著意加強語氣，形成鏗鏘有力的氣勢，使感情和氣勢相吻合、主觀和客觀相一致，追求感人的效果。此外，對於富有激情的內容，就應賦予昂揚的語調，聽來使人感到博大高遠，氣勢恢宏，豪氣英發。

總之，透過追求聲音表現力，而把演講思想內容、感情色彩最大限度的表達出來，是演講獲得成功的重要途徑。

四、注意句型的修辭效果

短句比長句更能顯現出簡潔、明快、活潑、有力的特色，所以演講時應當多用短句。聞一多《最後一次講演》中就是幾乎全用短句，充分表現了他極端激動、義憤填膺的情緒。

演講時，爲了把氣氛推向高潮，或者爲了表達細膩的感情，可以採用對偶句、排比句、重疊句等整句。有一些非常簡短的演講，爲了追求會場效果，大部分甚至通篇採用整句。但整句用得太多也會顯得死板、僵化，因此，稍長一些的演講都是在大多數的地方採用散句，只在段落的標題、高潮，結尾等地方採用一些整句。比如《爲了我們的父親》的演講中的一段：

「同學們，我們應該牢記父輩的期待的目光，當我們埋怨祖國的貧窮和落後、羨慕舒適安逸的生活時，當我們逃避學習的艱苦、隨便浪費大好時光時，當我們爲個人的得失和苦惱迷失前進的方向時，父輩期望的目光將像皮鞭一樣，狠狠的鞭撻我們的無知和糊塗、懶惰和輕浮、私欲和污染靈魂的癌變。」

這幾個句子整散相間，既有整句的韻味，又有散句的自由。

五、語速節奏要適當

演講者要學習掌握恰當的演講速度與節奏，這也是讓聽眾感到好聽，動聽、愛聽的重要條件。

有的演講者爲了炫耀自己的口才，常常喜歡「一口氣」口若懸河的演講。據說，英國下院有個最受歡迎的演講家格蘭斯頓，他的演講語速達到每分鐘一百個字，而另一個美國著名的大演講家布洛克，其演講語速賽過連珠炮，每分鐘高達二百一十五個字，常使速記員爲之驚恐，像這樣的快速演講，與其說是讓聽眾瞭解他們的見解，倒不如說是讓聽眾欣賞他們的所謂口才。

語速的快慢不僅要以內容的需要爲主，而且還要考慮聽眾心理和現場效果。一般情況下，場面大時語速應慢。太快了聽不清，太慢了抓不住人。如果內容平實就加快速度；大家聽得津津有味時，可以放慢速度。在需要設置懸念時，可以巧妙的利用停頓技巧相配合，以增強內容的吸引力。

Point 02

好的開頭是成功的一半

好的開頭是成功的一半，演講的開頭是聯繫演講者與聽眾之間感情的一座橋樑，一句能讓聽眾注意、讓聽眾感動的開頭是奠定演講者與聽眾溝通感情的基礎。也起到了開宗明義、昇華主題的作用。

演講者根據演講的內容、主題、類型及其演講的經驗與風格，選擇恰當的語言表達方式，可使演講達到先聲奪人、引人入勝的效果。

俗話說：萬事起頭難。演講是一門語言藝術，要使你的演講先聲奪人、引人入勝，就要有個好的開頭。很多名人演講時都很注意開篇的語言效果，其具體方法主要有以下幾種：

一、開始就要逗引聽眾大笑

當你在作嚴肅的政治演講時，是否覺得很難使聽眾產生濃厚興趣？那麼，來看看英國文學家吉卜林在開始政治演講時，是怎樣引起聽眾大笑的。他所講的並不是編造出來的故事，確實是他自己過去的經歷，並且用一種戲謔的口吻指出其中的矛盾。他說：

「諸位，我年輕的時候，住在印度。我常常替一家報社採訪社會新聞，這工作是非常有趣的，因爲它可以使我有機會去認識一些僞造貨幣、盜竊、殺人以及這一類富有冒險精神的有才幹的人。（聽眾大笑）有時在我採訪到他們被審判的情形後，還要到監獄裡去，拜訪一下我們那些正在受罪的朋友。（聽眾又發出笑聲）我記得，有一位因爲殺人而被判無期徒刑的人，是一位絕頂聰明而善於說話的青年人。他告訴我一段在他看來是他一生中最重要的話：『我覺得一個人如果一失足跌入罪惡的深淵裡，他一定要從此爲非作歹不止，最後他竟以爲唯有把他人都擠到邪路裡去，才可表現自己的正直。』（聽眾大笑）這句話，真是妙不可言了！」（聽眾的笑聲和鼓掌聲同時

響起）

二、以故事導入話題

人大都是愛聽故事的，一般人尤其愛聽演說者述說有關他自己親身經歷的故事。已故美國著名牧師康惠爾，曾把自己的那篇「遍地黃金」演說了六千次之多，這篇著名演說是這樣開頭的：

一九七〇年，我們沿著土耳其底格里斯河順流而下，走到巴格達城時，便雇了一個嚮導，帶領我們去看西坡里斯、巴比倫……

接著他把這個故事逐步講了出來。這是能夠抓住聽眾注意力的最好開端，這種開端，十分簡單明白，不易失敗。它靈活輕鬆，能使聽眾不知不覺的跟著它走，因為他們都希望知道後來發生了些什麼事，都會平心靜氣的聽他講下去。

三、引用名人格言

名人說過的格言，永遠具有引人注意的力量，所以，你能適時的引用一句名人說過的話，實在是演說開端的好方法。一位演說者的講題是「事業怎樣成功？」他這樣開始：

著名的心理學家郝巴德說：「全世界都願把金錢和名譽的最優獎品，只贈給一件事，這就是創造力。創造力是什麼？簡單來說，就是不必人家指示，而能夠做出別人沒做過的事……」

這段演說辭的開頭，有幾個特點是值得稱道的。它的第一句話引用了名人名言，就引起了聽眾的好奇心，使聽眾願意聽下去，想再多知道一些。演說者如果在說完「只贈給一件事」之後，能夠十分巧妙的略略停頓一下，那更會使人迫不及待的問：「世界把最優等的獎品贈給了誰？」它的第二句話立刻把聽眾引進了題目的中心。第三句是問話，可以引起聽眾的思索，而且使聽眾願意共同討論。第四句給創造力下了一個定義……接著下面演說者舉了一件有趣的事實，來證明創造力的可貴。像這樣巧妙的開端，依你的評判，應不應加以稱頌呢？

四、用使人驚奇的事實開頭

使用驚奇的事實開頭，可以使聽眾產生一種探究的欲望，從而引發聽眾的興趣。

如果演講者開始的時候說：「昨天夜裡，本市發生了一件極不尋常的事件，一隻老虎在大街上引頸長嘯，出動了警局人員。」聽眾會馬上表示出極大的興趣。

五、用讚美的話開頭

大多數人喜歡讚美，因此，演講者開始演講的時候，可以對當地人民的善良勤勞表示讚頌，或對當地的自然風光、悠久歷史、傳統風貌等表示自己由衷的敬佩之意，這樣，容易引發聽眾的自豪感，滿足他們的自尊心，從而獲得聽眾的認同，使自己接下來的演講在愉快的氣氛中進行。

六、用與聽眾利益相關的話題開頭

演講者能在開頭的時候用涉及聽眾自身利益的話語，那聽眾一定會豎起耳朵：一九五四年八月七日，法國總理孟傑斯・法朗士在一次電臺廣播講話時，用了一段簡短的楔子：「八月中旬正是很多人休假的時候，我想如果打斷你們片刻的休息時間，跟你們說幾個關係重大的問題，你們是不會對我反感的，因爲這些問題事實上對大家都是休戚相關的。」這樣，聽眾就能從始至終被吸引住。

七、用實物來刺激聽眾注意

在一個古錢幣展覽會中，一位男士用兩個手指執了一枚錢幣，高舉過肩，這自然使觀眾都往他手上的錢幣上看了。然後，他才開始演講說：「在場的諸位，有沒有人在街上撿到過這樣的錢幣。」接著，他這就講述這枚錢幣的稀珍和他的收藏經過了。

拿一些實物來給聽眾看，這是引人注意的一個最容易的方法。這種實在的刺激物，有時在一些知識程度很高的聽眾面前，也會發生很好的效果。

八、在演講開頭提一個問題

就如上一個例子那樣，提一個問題，可以指引聽眾的思路，使聽眾按你的思路去思考問題，並同時產生一種想知道正確答案的欲望，自然能使他們集中精力。提的問題不宜過多，達到拋磚引玉的效果即可，只有愚蠢的演講者才在演講開始時提出一個又一個的問題。

九、融入場景，即興發揮

美國前國務卿埃弗雷特一次在葛底斯堡國家烈士公墓揭幕式上發表演講，遠處的群山、眼前的原野、佇立的人群、肅穆的氣氛，激起他心底波浪翻滾，他拋開講稿，即興發揮：

「站在明靜的長天之下，從這片經過人們終年耕耘，而現在還安靜憩息的廣闊田野中放眼望去，那雄偉的阿勒格尼山脈隱約的聳立在我們前方，弟兄們的墳墓就在我們腳下，我真不敢用我這微不足道的聲音來打破上帝和大自然所安排下的這意味無窮的寂靜。」這個開場白相當精彩，字字句句震撼了聽眾的心。

十、自我貶抑增進溝通

一九九〇年春節聯歡晚會上，臺灣著名電視節目主持人淩峰作了段精彩的演講，他的開頭是：

「在下淩峰，我和文章不一樣，雖然我們都得過金鐘獎和最佳男歌星稱號，但我是以長得難看而出名的。一般來說，女性觀眾對我的印象不太良好，她們認爲我是人比黃花瘦，臉比炭球黑。」

這裡，自我貶抑表現出演講者的坦率幽默，機智隨和。用這種方法作開場白往往能博得聽眾的掌聲，效果很好。

脫穎而出的主題構思方略

主題，是演講的靈魂，大凡即興演講與說話，都有一個特定的講題範圍，只是範圍有大有小罷了。於是就有一個選題是否新穎的問題。只有脫穎而出的主題才能讓人爲之側目。

有位演講者參加了以「交通安全」爲演講主題範圍的演講比賽。他分析了這個主題之後，感覺到可能大部分的選手會立足於「人們交通安全意識淡薄而產生的危害」這方面的題材，展現在聽眾面前的可能是一幅幅駭人聽聞、慘不忍睹的血腥事件。這樣，十幾名選手講下去，聽眾會聽得喘不過氣來，時間長了會產生一種倦怠的感覺。經過考慮之後，他想從新的角度去表達。於是他選擇了現代生活中很多人不理解交通警察，以致使交警的工作舉步維艱，如果整個社會都來瞭解交警，支持交警的工作，交通事故將會減少。他斟酌再三，確立了以《奉獻與理解》爲主題，透過讚頌交警默默耕耘，爲國家、爲人民無私奉獻的精神，呼喚人們理解交通安全工作。他的演講爲比賽吹來一股清涼的風，贏得了聽眾的熱烈掌聲。

在演講中，創新已經成爲一種時尚的追求，創新主題的途徑，無外乎三種：

一、鉤沉發微法

即興說話中用到的題材一般都是習以爲常的事物，這裡要求針對這一事物現象，發現人們向來並不注意的本質意義，從而確定更新穎主題的方法。某些常見的事情，並不符合實際，但往往被當作正確的東西長期相傳，浮在面前，人們也並不認真加以追究，而對那些事理的正確認識，卻沉到了生活的最底層。如果把它們鉤出來，確定爲主題，自然能夠突破習見或傳統看法，使聽眾耳目一新。

二、角度變換法

藝術攝影不一定要從正面平視的角度拍攝，鏡頭可側，可背，可仰，可俯；可以逆光，可以順光。只有這樣才能拍攝出不同特點的照片。從同一則題材中發現不同的主題，也需要這種藝術，這就是角度變換法。蘇軾的「橫看成嶺側成峰，遠近高低各不同」這句詩，很具體的說明了這種方法的奇特作用。任何事物的內部結構都比較複雜，外部情況也是多種多樣，因而同一事物除了具有正面的基本意義之外，還具有許多旁引乃至反面性的意義。因此，在構思過程中就可以從多種角度引出眾多主題進行充分選擇，避開俗題。

三、知識雜交法

即把自己熟練掌握的不同學科中，相對獨立的知識或問題結合起來，使之構成一個新的研究題目進行研究，從而引出全新觀點的方法。這也是學術研究選題創新的重要方法之一。在即興演講當中，針對那些比較客觀的題材和標題，構思時候應將這些感情的東西滲入到個人的生活經歷或經驗以及自己的文化知識中，這樣一來，你已賦予這個題材新的內涵。於是，這個主題便在無形中產生了新意。

最後不能忽視的一點是，新穎的主題被選出來後，必須給它冠上一個漂亮的、能準確概括它的名字，這就是題目。題目的擬定務必要做到簡潔、新奇、意遠，讓聽眾「一聽便知，過目不忘」。

Point 04 如何用演說消除隔閡感

當演講者是「陌生人」的時候，聽眾一開始不免會有些隔閡感，這時直奔主題往往讓人難以接受，不妨先「推銷」一下自己。因爲潛在的感情因素往往會左右人們的心理傾向與理性思維，從而對話語的可信度和可接受性產生微妙的影響。

孟玲小姐的演講《讓女生部長早日「消亡」》是這樣開場的：

親愛的女同胞們，還有，敬愛的先生們：晚上好！首先感謝大家的熱情，謝謝！我很想認識大家，也想讓大家認識我。我先來自我介紹一下，我姓「孟」，孟子的「孟」，單名玲瓏的「玲」，孟玲，就是我。大家可能已經聽出來了，我這個人愛說美化自己的好話，連自己的名字也要美化一番。不過，我要聲明，這個小毛病絲毫不妨礙我對「女生部長」之職的熱情。

可是，即使有天大的熱情也不能改變這個趨勢。女生部長的發展完善過程，也就是它走向消亡的過程。

我的任務就是促成這個過程儘早結束。

真是言語出性格，寥寥數語巧妙而自然的塑造出一個熱情開朗、活潑可愛的「我」，一下子拉近了「我」與聽眾的距離，讓人產生了親切感，有興趣傾聽「我」的演說。

不過有時候聽眾對你不僅僅是「陌生人」那麼簡單的隔閡感，而是由衷的，打從一開始就以你爲敵。那你就要多費些心思了，這一點我們可以從一些歷史上偉大的演說家那裡取點「經」，知道他們是怎麼巧言化解的。

在奴隸制還未被廢除之前，伊利諾斯州南部的人民野蠻異常，在公共場所也要攜帶利刃和手槍。他們對於反對奴隸制度的人們非常憤恨，因此他們和那些從肯特基和密蘇里兩地渡河而來的畜養黑奴的惡霸們一同預備到林肯的演說現場進行搗亂。他們立下誓言，說林肯如在當地演講，他們立刻把這個主張解放黑奴的人驅逐出場，並將他置於死地。

林肯早已聽到了這一個恫嚇。同時他也知道這種緊張的情勢對他是十分危險的，但是他卻說：「只要他們肯給我一個略說幾句話的機會，我就可以把他們說服了。」因此，他在開始演講之前，親自去和敵對的首領相見，並且和他熱烈的握手。

他說：「南伊利諾斯州的同鄉們，肯特基州的同鄉們，密蘇里的同鄉們，聽說在場的人群中有些人要為難我，我實在不明白為什麼要這樣做？我也是一個和你們一樣爽直的平民，那我為什麼不能和你們一樣有著發表意見的權利呢？好朋友，我並不是來干涉你們的人，我也是你們當中的一人。我生於肯特基州，長於伊利諾斯州，和你們一樣是從艱苦的環境中掙扎出來的。我認識南伊利諾斯州的人和肯特基州的人，也想認識密蘇里的人，因為我是他們中的一個，而他們也應該更清楚的認識我。他們如果真的認識了我，他們就會知道我並不是在做一些對他們不利的事情。同時他們也絕不再想對我做不利的事了。同鄉們，請不要做這樣愚蠢的事，讓我們大家以朋友的態度來交往。我立志做一個世界上最謙和的人，絕不會去傷害任何人，也絕不會干涉任何人。我現在誠懇對你們要求的，只是求你們允許我說幾句話，並請你們靜心細聽。你們是勇敢而豪爽的，這個要求我想一定不至於遭到拒絕。現在讓我們誠懇討論這個嚴重的問題……」

當他說話的時候，臉部的表情十分友善，聲音也充滿同情和懇切，所以這婉轉而妥善的演說的開頭，竟把將起的狂濤止息了；敵對的仇恨平息了。大部分的人都變成了他的朋友，大部分的人都對他的演說大聲喝彩。後來他當選總統，據說由於那些粗魯群眾的熱烈贊助，得力不少。

當你不是那麼受歡迎時，可以採取的消除反感的方法不止一兩種，而最根本的還是取決於你的態度。在演講臺上，最好採取低姿態發言，因爲保證激起聽眾敵意的方法，是指出你自認在他們之上。當你講演時，就如同你將自己展示在櫥窗裡，你個性中的每一面都一覽無遺，稍有自誇的表示便會功敗垂成。而謙虛可以激發信心與善意。只要顯出自己是真心誠意的，聽眾會喜歡你、尊敬你的。

設置懸念激發聽眾興趣

演講時，如果一味平鋪直敘，一本正經的講下去，有時是很難吸引聽眾的，這裡不妨吊一下群眾的胃口，設置懸念以引起聽眾的興趣。

所謂懸念，是人們急切期待明白某種事物發生、發展、結局的心理狀態。即與說話時巧設懸念，可以勾起讀者的迫切期望和懸念意識，使讀者產生濃厚的探究心理和傾聽興趣。

構成懸念的因素是多種多樣的：

一、突兀的提問構成懸念

問題，總是聽者所關注的，特別是那些與聽者的工作、生活密切相關的問題，而問題僅僅是個「?」號，還需要有下文。所以，問題本身就是懸念。問題提出得越突兀，懸念的吸引力就越強。

二、以新鮮、奇異的事物構成懸念

新鮮、奇異的事物後面，隱藏著新事爲什麼新、奇事爲什麼奇的懸念。構思即興說話的懸念，精心選擇、運用新奇事實題材，可使懸念高高吊起讀者的傾聽「胃口」。

三、以鮮明的對比差異構成懸念

對比差異就是矛盾。越是鮮明的對比，越是懸殊的差異，就越引人注目，就越能強烈的吸引聽眾去探究原因，推動聽眾去瞭解矛盾的發生、發展和最後結局。

四、以越軌、反常行為構成懸念

正常的事人們不足爲奇，超越常規，一反常理、常態的行爲，人們就要感到好奇了。構思即興說話的懸念，巧妙藉越軌、反常的事實題材，可收到出人意料、引人入勝的效果。

五、以驚人的結論構成懸念

以倒敘方式佈局的說話，常採用這種思路設置懸念。當聽衆被驚人的結論所吸引，就會進一步去研究這個結論是憑什麼得出來的。所謂驚人的結論，不外乎言別人所不能言、不敢言、說別人欲說但尚未說，講別人心中所有而言中所無的肯定或判斷之語。

某大學舉辦寫作知識講座，主講老師在談到細節描寫時，首先提出了一個懸念：「請問同學們，男生和女生回到宿舍時，摸鑰匙開門的動作有什麼不一樣呢？」台下的大學生們蠢動起來了，有的私下議論，有的舉手回答，有的乾脆掏掏口袋，模擬一下自己回宿舍時找鑰匙的動作。

主講教師讓同學們議論一陣後說：「據我觀察，大多數的女生在上樓梯時，手就在書包裡尋找，走到宿舍門口，憑感覺抓出一大串鑰匙中的那一支鑰匙，往鎖孔裡一塞，門鎖開了。而大多數的男生呢？他們匆匆忙忙的跑到宿舍門口，『砰』的一腳或一掌，門不開，於是想起找鑰匙。摸了書包摸褲袋，摸了褲袋又摸衣袋，好不容易摸到了鑰匙串，把其中的一支鑰匙往鎖孔裡一塞，打不開。原來鑰匙又拿錯了。」

主講教師的描述引起了會場上一片會心的笑聲，教師趁勢總結道：「把男女生回宿舍拿鑰匙開門的動作描述出來，就是細節描寫，而細節描寫的生動又來自於對生活的細緻的觀察。」這位寫作教師先製造懸念，讓聽眾探索懸念的答案，然後利用解答懸念拋出講學要點，取得了很好的教學效果。

設置懸念的方法很多。可以運用與內容相聯繫的實物；可以運用突然發出、與主題反差較大的情感；可以運用聽眾一時難以回答上來的串詞；可以運用帶有誇張色彩的動作；可以運用錄音、幻燈、錄影設備等。

此外，懸念的設置還要注意新奇，產生出人意料的效果；形象，處在聽眾情理之中；到位，表達圓滿自然。

設置懸念的位置，有的在開頭，有的在轉折處，有的乾脆多層設置，一懸到底。

一、在即興說話的開頭設置懸念，可引起聽眾最初的傾聽興趣。

二、在即興說話的轉折處設置懸念，可吸引聽眾產生新的傾聽興趣。

三、在即興說話中多層次的設置懸念，可吸引聽眾一猜再猜，甚至一猜到底，使聽眾保持對整篇說話的傾聽興趣。

懸念的產生，得益於一些事實存在的不合理性。突然將一些令人莫名其妙、迷惑不解的事情推到人的眼前，懸念隨即產生了。

Point 06

以數字服人

在古今中外的諸多演講中，數字因其表意清楚、明白，說服力強，表達準確而被廣泛應用。數字宛如一顆顆晶瑩透明的星座，散發著奇異的光彩，點綴著一篇篇演講佳作。

一九七二年，來自紐約的一位女國會議員貝拉・伯朱格進行了一次演講，呼籲在政治生活中給予婦女相同的平等地位。她說：

「幾個星期前，我在國會傾聽總統對全國發表的講話，在我周圍落座的七百多人當中有十七位女性。在四百三十五名眾議員當中，只有一個是女的，在一百多名參議員中只有一個女的；內閣成員中沒有女的，最高法院中也沒有女的。」

她的話很簡潔，而且大多是數字，但是，就在這數字的巧妙運用中，伯朱格說明了她的道理，而且遠比發表鴻篇大論來得更直接。

演講者運用數字，淺顯易懂，說服有力。尤其是對比性數字的威力更大。

爲了說明美國電視中危害青少年身心健康的節目之多，有人發表演講：

「根據調查表明，從一年級到十二年級的青少年中，大約有一萬多個小時是在聽搖滾音樂中度過的，這比他們在校十二年度過的全部時間只少了五百小時。有人作了一項調查，平均每個觀眾一年裡從電視節目上可以看到九千個表現性行爲的鏡頭；暴力場面更多，一般高中生到畢業時，觀看電視的時間是二萬二千小時，相當於他們課堂時間的二倍，在這二萬二千小時中，看電視可以看到一萬八千起謀殺……」

又如一位青年學者，爲激勵聽眾爲超越世界先進水準而拼搏，連續引用一系列對比數字：

「我們曾以人口眾多而自豪，但是請看美國，由於廣泛使用電子產品，兩億人口得以完成四千億人口的工作量。

「我們還曾以地大物博而自豪，但是，自然資源的人均佔有量卻大大低於世界水準：人均耕地只有世界人均值的三分之一，人均林地為世界人均值的七分之一，人均河川流量為世界人均值的百分之一。」

演講中數字的威力很大，但是運用要簡潔、精巧，不要太濫太泛。如果使用得當，令人震驚的統計數字極為有效。但是你一定要記住，如果數字不保持精簡，將很容易引起誤解。

數字的用法最常見的是一種「數字換算」，可以把抽象的數字換算成具體的可感覺到的事物，這能有效的增強說服力。

日寇在侵華期間，殘殺了成千上萬的中國百姓。日本侵略軍的雙手沾滿了中國人民的鮮血。然而，日本極少數軍國主義者至今還時時對此狡辯，企圖推卸罪責。為此，有人舉日寇在南京屠城的例子發表演說：

「在獸性發作的一個多月中，日本侵略軍在南京屠殺了三十萬個中國人！三十萬個人排起來，可以從杭州連到南京！三十萬人的肉體能堆成二座三十七層高的金陵飯店！三十萬人的鮮血，足足有一千二百噸！」

這段話利用「數字換算」，把不幸遇害的人數換算成了一個距離，一個高度，一個重量，讓人深切的感受到，日寇所犯下的滔天罪行。但並不是所有的數字都能採用「換算」的方法。適宜換算的數字一般來說有三種：

一、特別大的數字

有些數字儘管龐大，但若不換算的話，人們不一定會意識的到它的龐大。例如「一億一千三百三十萬美元」，究竟大到何等程度，一般人並不十分清楚。有人這樣換算：「海灣戰爭耗資一億一千三百三十萬美元，這筆鉅款足夠給聯合國世界糧食計畫署對第三世界投資二百年。這次戰爭的消耗相當於四十個非洲國家一年的收入，相當於目前非洲各國所欠全部債務的一半，相當於聯合國教科文組織向六個非洲國家一千二百萬名母親和兒童提供一千次緊急援助的金額，相當於伊拉克近十年來全部軍事開支，相當於向非洲國家提供六年發展援助款項的總額。「一個」足夠，五個「相當於」，這六次「換算」，使人有了具體印象，歎爲觀止。

二、特別小的數字

有些數字特別小，生活中感受不到，不換算就不知它小到何等程度。有人說：「原子真是小極了！五十萬到一百萬個原子，一個挨一個排起『長蛇陣』來，也只有一根頭髮直徑那麼小的一點兒。」這樣一算，聽眾的感覺就很具體，印象很深刻。

三、需要特別強調的數字

上海乘車之擁擠，可稱中國大陸之最。有人說：「行路難，路難行，號稱東方大都市的上海，人均佔有道路面積僅二平方公尺，上下班高峰時，公車廂裡每平方公尺竟站立十三人之多。每個成人一雙腳有五百四十平方公分，大概連陳景潤也難以計算出人們是如何站立的。」這段話中用換算法突出了車廂之擁擠，而這是講話者需要特別強調的。

只要抓住數字運用的妙法，就能使它在演講中發揮出意想不到的效果。

Point 07

如何製造演講的高潮

眾所周知，演講高潮既是演講者思想最深刻、感情最激昂的時刻，又是聽者情緒最激動、精神最振奮的瞬間。有了高潮，演講方可充分的表現其審美價值，進而產生最大的感染力和說服力。那麼，如何構築演講的高潮呢？下面介紹三種常見的方法：

一、運用排比

排比是由三個或三個以上的結構相同或相似，語氣一致的語句成串的表達相關或相連內容的一種句式。無論在敘事演講、政論演講還是抒情演講中都被廣泛運用。

使用排比句的地方，未必一定是演講高潮的地方，但演講高潮的地方卻往往離不開排比句。

「有辦法！辦法就出在陝甘寧邊區！辦法就是八路軍、新四軍和敵後抗日根據地！辦法就出在中國人的身上！辦法就出在真正抗日的黨派和軍隊中間！就出在中國共產黨，尤其是在我們的毛澤東同志心中！」

這是周恩來同志在延安一次會上發表的演講中的片斷。從全篇演講來看，這段文字顯然是高潮所在。這裡用了五個相同排比句：「……辦法就出在……」這五個排比句或由近及遠、由小及大，或由此及彼、由次及主，好似管弦齊奏，把演講推向高潮。

另外，在演講中，一些特別要強調的字詞，一些特別要加強的感情可以採用重複的方法去表現，可以將演講推向高潮。如羅斯福一九四一年十二月九日在對日宣戰後向全國廣播的「爐邊談話」：

十年前，在一九三一年，日本入侵滿洲國——未加警告；

在一九三五年，義大利入侵埃塞俄比亞——未加警告；

在一九三八年，希特勒侵佔奧地利——未加警告；

在一九三九年，希特勒入侵捷克斯洛伐克——未加警告；同樣在一九三九年，希特勒入侵波蘭——未加警告。在一九四〇年，希特勒入侵挪威、丹麥、荷蘭、比利時和盧森堡——未加警告；在一九四〇年，義大利先後進攻法國和希臘——未加警告；而今年，一九四一年，軸心國家進攻南斯拉夫和希臘，控制了巴爾幹——未加警告；還是一九四一年，希特勒入侵俄國——未加警告；而現在日本進攻了馬來西亞和泰國——以及合眾國——未加警告。」這裡羅斯福十次反覆使用「未加警告」強烈的呼籲和喚醒人們，如果讓法西斯繼續放任，他們將更倡狂的踐踏人類。

二、運用反問

與設問不同，反問是問而不答，是用疑問句的形式表達確定的內容。這種句式感情色彩濃重，有很強的感染力和說服力，因而同樣有助於構築演講高潮，特別是在說理性、論辯性和鼓動性很強的演講中，其作用顯得尤爲突出。請看：

「我們的同胞已身在疆場了，我們爲什麼還要站在這裡袖手旁觀呢？先生們希望的是什麼？想要達到什麼目的？生命就那麼可貴？和平就那麼甜美？甚至不惜以戴鎖鏈、受奴役的代價來換取嗎？」

這是亨利在美國弗吉尼亞州議會上演講結尾中的一組反問句。全篇演講就像跌宕起伏的海浪；一個高潮接著一個高潮，而且處理高潮的語言修辭方式各不相同。這一連串反問句，使演講顯得更加軒昂激越，文氣也隨之大振，充分顯示了反問所特有的鼓動力量。緊接著，亨利用呼籲式的口吻結束了演講：「全能的上帝啊，阻止這一切吧！在這場鬥爭中，我不知道別人會如何行事，至於我，不自由，毋寧死！」

演講至此，演講者的思想、意志、信念和感情都達到了最高潮，猶如空谷回音，三日不絕，給聽眾留下了深刻的印象。

三、運用設問

設問就是自問自答。它之所以被廣泛用於演講，是因爲它能夠調節演講時的氣氛，喚起聽眾聽講的興趣和熱情，達到提醒和強調的目的，激發聽眾共同思考問題，從而使演講者牢牢掌握住演講的主動權。

我們不妨具體分析一段演講：

「你們問：我們的政策是什麼？我說，我們的政策就是用我們的全部能力，用上帝所能給予我們的全部力量，在海上、陸地和空中進行戰爭，與一個在人類黑暗悲慘的罪惡史上所從未有過的窮凶極惡的暴政進行戰鬥，這就是我們的政策。你們問：我們的目標是什麼？我們可以用兩個字來回答：勝利—不惜一切代價，去贏得勝利；無論多麼可怕，也要贏得勝利；無論道路多麼遙遠和艱難，也要贏得勝利……」

這是邱吉爾著名的《出任首相後的首次演講》中的最後一段。該演講的前半段主要報告新政府組閣的情況，後半段則是闡明新政府的態度和政策。通讀全篇演講不難看出，透過步步上升和層層推進，演講者的思想表達越來越鮮明、深刻和完整，其感情也隨之越來越強烈。到了結尾部分，演講者巧妙的運用兩個設問句，全盤托出了自己的觀點主張，酣暢淋漓的抒發了自己的情感情緒，使演講達到了最高潮。

其次，在演講中，巧妙的用好雙重否定也可收到強調的效果，如：「我們並非是不求上進，不思進取的一代。」運用雙重否定時一定要把握好否定詞，若用得不好就會適得其反，如：「大家在論辯時，沒有一個人不認爲論辯的超水準發揮，不是知識豐富的結果。」這裡連用了「沒有」、「不認爲」、「不是」三個否定詞，使表達出來的意思與本義恰恰相反。

透過以上方法，增強自己的感情力度，從而讓聽眾更信服自己的演講內容。

講遠的不如講近的

聽演講有時候就像聽故事一樣，老百姓愛聽的一般都是離自己最近的、最生動、最直接的故事。如果演講者開始的時候說：「昨天夜裡，本市發生了一件極不尋常的事件，一隻老虎在大街上引頸長嘯，出動了警局人員……」聽眾會馬上表示出極大的興趣。因爲這件事就發生在他們的周圍，並不是遙不可及的空談事件。

有一位牧師恩萊卡在傳道演說中這樣說道：

「兄弟姐妹們，請大家把頭抬起來，看看上面，看看天窗，看看上面的玻璃，是否明亮，是否像在室外一樣能看到藍天和太陽；請兄弟姐妹們把頭低下來，看看下面，看看地板上，是否乾淨，是否有一片紙屑、一口痰跡；請兄弟姐妹們把手伸出來，把雙手都伸出來，摸摸椅面再摸摸扶手，看看你們的手掌，是否有一星塵埃、一點汙跡；你們看看左邊再看看右邊，看看每一個窗臺，看看窗臺上的每一盆花，一盆一盆看過去，有沒有發現一片黃葉？是不是每一盆花、每一朵花都開得正好？一切都做得很好，好得不能再好，是不是呢？然而我們卻不知道是誰做了這些事。當然，一定有人做了這樣的事。兄弟姐妹們，是誰做了這樣的好事？是張三還是李四？我們不想把做了好事的人一個個指給大家看，也不應該把這樣的好人一個個指給大家看。兄弟姐妹們，看看你們的左邊，看看你們的右邊，看看你們的前面或是後面，做了好事的人就在你的身邊。你們相互看一眼，笑一笑，就這樣好了，也就足夠了。有心做好事的人，不願意人們知道他，但做了好事的人，你是一眼就可以看得出來的，做了好事心裡就滿足，就愉快，他的神情就溫暖，就慈愛。做了好事的人心裡很清楚，是誰來得最早，誰是第一，誰是第二，誰帶的抹布，誰帶的掃把，誰送的鮮花……」

這裡，說話者從剛剛發生在人們身邊真實的事情說起，平穩自然的把一些做事和做人的道理寓於其中，讓人們體會到身邊的小事都需要每一個充滿愛心的人去做。

從生活中存在的事情說起，這樣做更能增加你語言的感染力和說服力。對於演講者本人來說，在選擇事例的時候，同樣要堅持講遠的不如講近的、講別人的不如講自己親身經歷的原則，這樣的演講才是最有效的。演講者以自己的經驗故事開始，必立於不敗之地。因爲他敘述的是自己的經驗，是他部分生命的再造，是他自身筋脈的一部分。那自信閒適的神態就能助他與聽眾建立起友好的關係，從而贏得聽眾的信服。

綜合起來說，演講者在敘事時最好採用一些離聽眾很近的，同時自己也非常熟悉的事例，如果是自己親身經歷過的，而聽眾又非常瞭解的事情應該是最佳選擇。

Point 09

快速掌握聽眾心理

由於對演講效果的評判，在很大程度上是根據聽眾對演講的接受程度而定的，所以應把握演講過程中聽眾的心理。十分有名的《鑽石的土地》是由康威爾・羅李演講的，而且他曾經演講過六千次以上，也許有人會認爲他的演說只不過像答錄機一樣，多次播放相同的內容，甚至連每一句話的抑揚頓挫都沒有改變。然而事實並非如此，因爲羅李明白每一次的聽眾都不盡相同，他必須對演說做適當調整，以滿足不同層次、不同品味的聽眾。當他到某地發表演說前，總是先去拜訪當地的各個階層的人物如局長、經理、工程師、理髮師等，或是隨便和某人閒聊，並從閒聊中根據他們的言談舉止分析他們會有怎樣的期望。然後，再因地制宜、因人而異確定內容、題材，再發表演說。

無疑，羅李深知思想傳達的成功與否，在很大的程度上是取決於聽眾的理解和接受程度的高低。《鑽石的土地》並沒有留下講稿，但他以同一主題講了六千次以上，並取得了成功，這完全得益於他對人情世故的敏銳洞察和演講的靈敏應變。這告訴了我們一個深刻的道理：演說必須融合聽眾的心理，符合聽眾的知識結構。

一、聽眾關心的事應納入演講

羅李博士認為演講成功的要素之一是縮短演講者與聽眾的心理距離。事實證明，如果是涉及聽眾所熟知並相關的事物，聽眾便能較快的接受演講者的觀點、演講就容易獲得成功。

艾立克・約翰斯敦曾擔任過美國工商會會長、電影協會會長，他的演說，很善於利用演講當地的風俗民情和實際情況。在奧克拉荷馬州立大學的演說中，他的演講如下：

「奧克拉荷馬州這塊土地對商人而言，原本與鬼門關一樣，認為是永無發展的荒涼之地，甚至在旅遊指南中刪去了它的名字，這都是不久前發生的事情。但是，你們一定也曾聽說過，一九三〇年左右，曾經住過這裡的烏鴉，向其同伴提出警告，除非已備足糧食，否則到這裡就無法生存。

「大家都把奧克拉荷馬州當成是無可救藥之地，絕不可能有開拓性發展。但到了一九四〇年，這裡奇蹟般逐漸變成了綠洲，甚至將她的美妙變革譜成流行歌曲：大雪過後，微風輕拂，麥田飄散著芳香，搖曳多姿……這不是奧克拉荷馬州欣欣向榮、勃勃生機的寫照嗎？

僅僅十年的時間，你們的家鄉已由一片黃土沙漠，搖身變為長得像大象一樣高的玉米田，這就是信念的報償和敢於冒險犯難的結晶。」

由於演說者善於從聽眾所熟悉的生活環境、切身體驗中選材，然後經過分析、歸納、總結，在縱向比較和橫向比較上做文章，因而取得了演講的成功。他的話不是教條，他的話新奇、生動、貼切，緊緊抓住了聽眾的心，拉近了演講者與聽眾的心理距離，所以成功是必然的。

演說者的成功正是在於他明瞭聽眾的目的，以及聽眾期望演講者能提供給他們的解決難題的知識和方法。有了這樣的認識，你才會尋找到聽眾的真正疑惑或需求，確定自己的演講內容、主題，也才能有的放矢的演說，才能擁有取得成功的先決條件。如果聽眾渴望瞭解當前的局勢，那你可以分析國際國內的政治動態；如果聽眾希望瞭解怎樣進入股市，那你可以對他們講述有關股市、股票的基本知識……英國新聞界的威廉・倫德夫・赫斯特作爲美國大報業的經營者在被問到哪種話題能吸引聽眾時，他毫不猶豫的回答：「就是與自身息息相關的話題。」他正是在這種理論指導下，建立了他的新聞王國。

不用舉更多的例證，我們已經明白：與聽眾休戚相關的話題，必然會贏得聽眾的認同進而被聽眾接受。如果我們心中沒有聽眾，以自我爲中心，聽眾就會因感到事不關己，而顯得心不在焉，東張西望，這無疑是對演講者的嘲諷。

二、真誠的褒揚

聽眾是一個思維活躍的群體，他們會根據自己的立場對演說進行評價。如果你不尊重他們，他們會不留餘地的拒絕你。所以，如果聽眾有值得稱道的表現，就應抓住時機予以肯定。做到這點就等於拿到了自由出入聽眾心理王國的通行證。當然，應有讚揚的技巧，否則只會適得其反。

三、尋找共同點

演講與對話都是人際交往與溝通的必要方式。如果你是應邀演講，那麼與聽眾建立起融洽的關係是很重要的。英國前首相麥克米倫，在德堡大學畢業典禮上，他的開場白就不失時機的抓住了聽眾的心：「感謝各位對我的歡迎，雖然作爲英國首相在這裡發表演說的機會並不多，但我並不認爲我是英國首相才被邀請。」然後，他又回顧了自己的家世，並告訴聽眾，他的母親是出生在本州的美國人，而他的外祖父就是印第安那州德堡大學的首屆畢業生。

麥克米倫以其直系親屬的血緣情分，和屬於開拓者時代的美國學校生活方式爲話題所發表的演說，其反響之熱烈，自不待言，獲得這一成功的重要因素無疑是巧妙的抓住了聽眾與演講者雙方的共同點。

四、讓聽眾充當演說中的角色

這位演說者有效的運用了舞臺表演的技巧，將聽眾吸引到演說的情景中去，讓他們扮演其中某個角色，這對提高聽眾興趣，的確是一種上乘之法。

曾有一位演說者，想要向聽眾說明從踩剎車到車子完全停止之間的行車距離。這位演說者請了一位坐在最前排的聽眾站起來，協助他說明車距與車速的關係。被指定的聽眾，拿著卷尺站在臺上，按照演說者的解釋前進或後退。這種情況不但具體表現了演說者的觀點，同時，也具有與觀眾溝通的橋樑作用。

有時為了達到讓聽眾扮演一個角色的效果，可以向觀眾提問，或者讓聽眾重複一遍演講者的話，然後舉手回答。《富有幽默感的作家與說話》的作者巴西・H・懷汀一再強調「要讓聽眾直接參與表決，或讓聽眾幫忙解決問題。」並且認為「要有正確的思維方向」。如果用演講稿的方式去演說，那麼觀眾的反應肯定不會很強烈，應把聽眾當做是你共同事業的合作夥伴。演說者如果做到觀眾參與，就能使他要表達的論點更加深入人心。

五、使聽眾感到平等

演說者以怎樣的態度與聽眾溝通，是十分敏感的問題。假如以一種有良好教養、擁有較高的社會地位或社會權力的態度和腔調對聽眾演講，大都會受到排斥和反感，因爲誰都不願低人一等、聽人訓話。因此演講者首先應採取低姿態使聽眾感到平等，才能與聽眾建立良好的溝通關係。諾漫・V・比爾曾忠告一位演說缺乏吸引力的傳教士：「誠懇是首要的條件。」演講的目的是讓觀眾接受自己的想法，而讓聽眾關注自己無疑是關鍵，透過以上方法掌握聽眾心理，才能讓聽眾更加的信服自己。

Point 10

使聽眾關注的演講技巧

聽眾的注意力是有限的，無論演講者怎樣努力，總會遇到聽眾注意力不集中的情況，在這種情況下，演講就需要想一些辦法把聽眾的注意力吸引回來，否則就會導致演講的失敗、會場秩序的混亂。

一、聲東擊西

所謂聲東擊西，兵法原文是這樣寫的：「凡戰，所謂聲者，張虛聲也。聲東擊西，聲彼而擊此，使敵人不知其所備。則我所攻者，乃敵人所不守也。」它的意思是：凡是作戰，所謂聲，就是虛張聲勢。在東邊造聲勢而襲擊的目標是西面，聲在彼處而襲擊此處，讓敵人不知道如何來防備。這樣我所攻擊的地方，正是敵人沒有防備的地方。

我沒有躊躇過一剎那，去放棄那遵循格律的戲劇。地點的一致對我猶如牢獄般的可怕，相同的情節和相同的時間是我們想像力的沉重桎梏。我跳進了自由的空氣裡，這才感覺到自己的（生長了）手和腳。現在，當我認識到那些講究規格的先生們從他們的巢穴裡給我硬加上了多少障礙時，以及看到有多少自由的心靈還被圍困在裡面時，如果我再不向他們宣戰，再不每天尋找機會以擊碎他們的堡壘的話，那麼我的心就會憤怒得碎裂。

被法國人當做典範的希臘戲劇，按其內在的性質和外表的狀況來說，就是這樣的：讓一個法國侯爵效仿那位亞爾西巴德卻比高乃依追隨索福克勒斯要容易得多。

開始是一段敬神的插曲，然後悲劇莊嚴隆重的以完美的單純樸素（風格），向人民大眾展現出先輩們的各個驚心動魄的故事情節，在每個人的心靈裡激盪起完整的、偉大的情操；因爲悲劇本身就是完整的、偉大的。在什麼樣的心靈裡啊！

希臘的！我不能說明這意味著什麼；但我感覺出這點，爲簡明起見，我在這裡根據的是荷馬，索福克勒斯及忒俄克里托斯；他們教會我去感覺。

同時，我還要趕快接著說：小小的法國人，你要拿希臘的盔甲來做什麼？

它對你來說是太大了，而且太重了。

因此所有的法國悲劇本身就變成了一些模仿的滑稽詩篇。不過那些先生們已從經驗裡知道，這些悲劇如同鞋子一樣，只是大同小異，它們中間也有一些乏味的東西，特別是經常都在第四幕裡，同時他們也知道這些又是如何按照格律來進行的。這方面我就無需多花筆墨了。

我不知道是誰最先想出把這類政治歷史大事題材搬上舞臺的。對這方面有興趣的人，可以藉此機會寫一篇論文，加以評論。這發明權的榮譽是否屬於莎士比亞，我表示懷疑；總而言之，他把這類題材提高到至今似乎還是最高的程度，眼睛向上看（的人）是很少的，因此也很難設想，會有一個人能比他看得更遠，或者甚至能比他攀登得更高。

莎士比亞，我的朋友啊！如果你還活在我們當中的話，那我只會和你生活在一起；假如你是俄來斯特的話，我是多麼想扮演配角匹拉德斯！而不願在德爾福斯廟宇裡做一個受人尊敬的司祭長。

這是歌德紀念莎士比亞的一篇演講，但是他並沒有直接說明莎士比亞的作品有多麼的優秀，而是在說明另一些作品的特點，最後透過這樣的比較來達到了讚美莎士比亞的目的。

在與聽眾的接觸中，不要太急於暴露自己的意圖，儘量將對方的注意力轉移到他所感興趣的地方，使對方逐漸對你產生信任感，從而建立起良好的關係，此時演講才能取得良好的效果。

二、投石問路

當演講者不確定某個論點是否能吸引觀眾時就可採用這種方式。有時，爲了瞭解對方心中的秘密，又不便直問，可以用「投石問路」的曲問法進行試探。對於一些敏感的人來說，問者更顯得謹慎。投石問路之法也被廣泛運用於審訊之中。

三、欲正故謬

當演講者發現聽眾失神時，可以故意將一些簡單的問題說錯，這樣不但能吸引沒有的失神的聽眾們的互動，同時能將失神的聽眾的注意力吸引回來，還能夠緩解演講現場的氣氛。當我們要啓發聽眾思考某一個問題時，與其告訴他們答案或者給予提示，不如我們故意說一個錯誤的答案來刺激他們思考問題，因爲當演講者說錯時，就能夠激發他們思考的欲望，最顯著的代表就是教師在教學時的提問方式，學生在上課時，注意力大約只能集中二十到三十分鐘，但是通常教師都要講上四十五分鐘，這樣就會導致學生在後半段的課程上經常會分心，作爲教師，爲了確保教學品質，就要想盡一切辦法把學生的注意力吸引回來，這時欲正故謬就是一種非常有效的方法。

四、欲實先虛

所謂欲實先虛，是演講者爲了讓對方順著自己的意願，來展開話題而設下的一個圈套。這是因爲平鋪直敘的將道理講述出來，有時無法打動聽眾的心，不能吸引聽眾的注意力。這個時候，由演講者先虛設一問，這一問乍一看與演講內容毫無關係，或者讓對方摸不清虛實，當對方說出答案後，這種答案其實正是演講者想要的，這時演講者就可以抓住對方的話柄，以此爲契機，得出想要的結論。這時，聽眾也就無法否認自己剛才說過的話了，這樣也就無法也就無法否認演講者的結論了。演講者可以透過這樣的小圈套來達到演講的目的。

演講過程中，如果發現聽眾對於演講的內容出現了疲勞和厭倦，繼續採用正攻的方法是無法取得預期效果的，而是要採取佯攻，用以上的方法引起聽眾的好奇心，成功使聽眾關注演講。

Point 11

演講中的禁忌

演講者的對象是聽眾，聽眾的情緒直接影響到演說的效果。演講是一門藝術，要想提高演講水準，不僅要瞭解該怎麼做，還要從另一面瞭解需要注意和避免的一些問題，比如：

一、時間和內容

演說者要考慮到聽眾注意力的持久性。研究證明，演說開始二十分鐘之後，一般人的注意力就會開始下降，一個小時以後注意力急劇下降。因此，在準備演說時，要儘量把自己的演說壓縮到最短的時間，在聽眾開始聽講時注意力非常集中的時間裡，把自己所要講的話都講完，以取得演說的最大效果。還要知道，聽眾只對自己能夠理解的內容感興趣，如果演說者使用的語言超過了聽眾的水準，聽眾就難以接受。他們可能採取兩種辦法：猜測意思或乾脆不聽。反之，如果演說者使用的語言大大低於聽眾的水準，即低估了聽眾的理解力而使用幼稚的語言，聽眾就會對演說持強烈的否定態度。因此，在演說時，要注意透過對措辭和語言的靈活、準確的運用來吸引聽眾的注意力。

二、聲音和速度

演說時最忌聲音太小，使部分聽眾聽不見演說者的聲音，勢必影響聽眾的注意力。甚至會引起聽眾不滿，而交頭接耳，竊竊私語。演說者的聲音一定要洪亮、有力，甚至大到足以壓倒分散注意力的嘈雜聲。人的聽話速度大大超過說話的速度。聽眾在聽演說時，注意力隨時可能分散。這是因爲聽眾在聽講時有從容的時間去想與演說無關的事，因此，在演說時，必須牢牢的保持說話的速度和節奏，這樣才能吸引住聽眾的注意力。

三、多餘的客套話

演說者說些毫無意義的客套話，不僅浪費時間，而且會影響演說氣勢。對比那些氣勢龐大，節奏感強，咄咄逼人的演說，聽眾再聽到那「嗯，講得不好，啊，請大家多包涵」之類陳腐的客套話，那該是多煞風景啊！難怪聽眾反感，甚至會導致走動聲、口哨聲，沒有掌聲了。所以，演說中必須消除、克服客套話。演說者要自覺做到充分考慮聽眾感受，杜絕說那些無用的客套話。關鍵是演說者要提高水準，不必開口「水準不高」，閉口「研究不夠」，「高不高」、「夠不夠」，要靠演說本身，聽眾自有評價，倘若真的講不好，聽眾見你有誠意，也會原諒你。

四、忌冷漠乏味

有的人講話時毫無表情，呆若木雞，甚至肌肉繃緊，臉色鐵青。缺乏幽默感，語調淡，沒有抑揚頓挫，真情實感，講話乏味，叫人怎不打瞌睡！

五、忌故弄玄虛

托爾斯泰說：「真正的藝術永遠是十分樸素的、明白如畫的、幾乎可以用手觸摸到似的。」演說語言要力求通俗化，口語化，如不考慮聽者的接受能力，用那種文縐縐、酸溜溜的語言就既不親切，又艱澀難懂，往往會事與願違，弄得不好，還會鬧成笑話。

六、忌艱澀冗長

有人講話用的是書面語言，使人感到艱澀難懂。有人曾批評這種現象說，「一個演說，顛來倒去，總是那幾個名詞，一套『學生腔』，沒有一點生動活潑的語言，這豈不是語言無味，面目可憎，像個癟三嗎？」因此，要儘量避免使用書面用語，更不要「文夾白」，要用口語，善於用簡單明瞭、聽眾易懂的語言講話，堅決拋棄晦澀難懂的術語和外來的字眼。文章貴短，演講也應該盡量長話短說。

七、忌雜亂無章

有人講話題材過於龐雜，講起來又雜亂無章，像開無軌電車，開到哪裡，算到哪裡，叫人摸不著頭緒。還有的不合邏輯，妄加論斷；或者不顧事實，主觀臆斷。上了講台，不問青紅皂白，哇啦哇啦一通，這也是某些官僚主義者的通病。

八、忌失言失態

有的人演說老帶「口頭禪」，諸如「啊」、「是吧」、「怎麼樣」等等。講話要講效用，「口頭禪」成堆，「啊啊」連篇，讓人聽了也爲他感到難受，只能起消極作用。有的人講話不瞭解聽眾的職務、水準，不注意會議的環境和背景，甚至不顧及自己的身份和在會議上的地位，這就難免在內容、措辭、語氣口吻等方面不妥善、不貼切、不禮貌、不恰當，演講者應加以注意避免失言失態。

九、忌方言俚語

演說按照內容的需要，針對不同的對象，應使用不同的語言形式。但要注意，由於方言眾多，欲使演說通俗易懂，明白曉暢，交流順當，還有個改變家鄉音、推廣普通話的問題，否則就會出現語言障礙。因爲一個國家語言標準化、規範化的程度，往往反映這個國家的文明程度。

十、忌豪言空談

空談是言之無物，空空洞洞之謂也。那些不結合當時、當地的歷史現狀和實際的情況太多了。有的單位一年一度的總結會議，會議的開幕詞用的全都是陳年的講稿，只把第一屆改成第二屆，第三次改成第四次，內容照舊，年年如此，這就是空對空的典型例子。

演講對演講者的要求較高，若能避免以上總結出來的禁忌，就能避免聽眾的反感，讓演講順利進行，達到較好的效果。

Point 12

讓結尾回味無窮

俗話說：「編筐編簍，全在收口。」演講要獲得全面的成功，一定要精心設計好結尾。如果說好的演講開頭猶如「鳳頭」，那麼好的演講結尾就像「豹尾」。豹尾者，色彩斑斕而又強勁有力。結尾是對整個演講的總結，它承擔著收攏全篇的任務，因此，其意義重大。

演講的結尾既要有文采又要堅定有力，既概括全篇又耐人尋味，才能使全篇演講得以昇華，收到良好的效果。

一個好的結尾能給人留下深刻的印象，久久不能忘懷，這對於演講來說十分重要。較爲常用的結尾方式有以下幾種：

一、總結式結尾

演講結束時，演講者在分析論證了問題之後，對所述內容作一簡潔扼要的概念總結，一則加深聽眾印象，二則進一步強調主題。這種方式有利於聽眾對演講主題進行掌握。

二、號召式結尾

在聽眾情感激發的基礎上，運用具有鼓動力、感召力的語句向聽眾發出呼籲。這種方式適用於不僅要「使人信」，而且要「使人動」的目的明確的演講。

三、讚頌式結尾

利用人一般都喜歡聽讚揚話的心理，選用合適的讚頌詞語，來作爲演講的結束語。這種演講感染力強，容易與聽眾產生情感上的共鳴，也利於把演講推向高潮。在雙方關係融洽的氛圍中，使演講的內容在聽眾中留下更爲深刻的印象。這種方式要注意適度，不要給人留下矯揉造作的印象。在使用時一定要有感而發，情之所至，不要憑空讚頌，更不要無病呻吟。

四、詩詞、格言式結尾

引用名人的話語或詩句、格言作結尾。這類方式用好的關鍵在於：所引語句必須與所述內容相吻合；引句的內容確實高度凝練、精警，且爲人熟知。這種結尾使演講在生動、經典的語言中結束，而且極富節奏感，可以增加演講的藝術感染力。

五、幽默式結尾

以一句幽默詼諧的話來結束演講。在生動、活潑的氣氛中結束演講，對加深印象無疑是有益的。但這種方式的運用，須特別注意場合的適應性。

六、激發高潮式結尾

激發高潮是很普遍的結束方法。這通常很難控制，但是如果處理得當，效果就會好得出乎意料。整個演說逐步向上發展，在結尾時達到高峰，句子的分量也愈來愈重。

林肯在一次有關尼加拉大瀑布的演說中，運用了這種方法：

「這使我們回憶起過去。當哥倫布首次發現這個大陸，當基督在十字架上受苦，當摩西領導以色列人通過紅海，甚至當亞當首次自其造物者手中誕生時，那時候和現在一樣，尼加拉大瀑布早已在此地怒吼。

已經絕種但其骨頭塞滿印第安土墩的巨人族，當年也曾以他們的眼睛凝視著尼加拉大瀑布，正如我們今天一般。尼加拉大瀑布與人類的遠祖同期，但比第一位人類更久遠。

今天，它仍和一萬年以前一樣聲勢浩大。早已死亡，而只有從骨頭碎片才能證明它們曾經生存在這個世界上的史無前例的巨象，也曾經看過尼加拉大瀑布。在這段漫長無比的時間裡，這個瀑布從未靜止過一分鐘，從未乾枯，從未凍上過，從未合眼，從未休息。」

他的每一個比喻都比前一個更爲強烈，他把他那個時代拿來分別和哥倫布、基督、摩西、亞當等時代相比較，因而累積了效果，達到了高潮。

所以，精妙的結尾既是收束，又是高峰；既水到渠成，又戛然而止；既鏗鏘有力，又餘音嫋嫋；既別開生面，又來得自然。

謝謝您購買　　最討人喜歡的說話方式　　這本書！

即日起，詳細填寫本卡各欄，對折免貼郵票寄回，我們每月將抽出一百名回函讀者寄出精美禮物，並享有生日當月購書優惠！

想知道更多更即時的消息，歡迎加入"永續圖書粉絲團"

您也可以利用以下傳真或是掃描圖檔寄回本公司信箱，謝謝。

傳真電話：（02）8647-3660　　信箱：yungjiuh@ms45.hinet.net

☺ 姓名：　　□男　□女　　□單身　□已婚

☺ 生日：　　□非會員　　□已是會員

☺ E-Mail：　　電話：（　）

☺ 地址：

☺ 學歷：□高中及以下　□專科或大學　□研究所以上　□其他

☺ 職業：□學生　□資訊　□製造　□行銷　□服務　□金融

□傳播　□公教　□軍警　□自由　□家管　□其他

☺ 您購買此書的原因：□書名　□作者　□內容　□封面　□其他

☺ 您購買此書地點：　　金額：

☺ 建議改進：□內容　□封面　□版面設計　□其他

您的建議：

廣 告 回 信
基隆郵局登記證
基隆廣字第 57 號

新北市汐止區大同路三段一九四號九樓之一

大拓文化事業有限公司收

請沿此虛線對折免貼郵票，以膠帶黏貼後寄回，謝謝！

想知道大拓文化的文字有何種魔力嗎？

- 請至鄰近各大書店洽詢選購。
- 永續圖書網，24小時訂購服務
  www. foreverbooks. com. tw
  免費加入會員，享有優惠折扣
- 郵政劃撥訂購：
  服務專線：(02)8647-3663
  郵政劃撥帳號：18669219